青少年法律绘本系列

【第五版】

最活泼有趣的法律书

马米历险记

朴琳琳◎著

中国法制出版社
CHINA LEGAL PUBLISHING HOUSE

亲爱的小朋友们，同学们：

正值朝阳年华的你们，天真烂漫快乐地成长，一切都是那么美好。爱你们无邪的笑脸，爱你们纯真的声音，我们希望整个社会都给你们爱，不希望可爱的你们受到一点点伤害，因此我们约请多年从事法律实务工作的儿童文学作者，精心编写了“青少年法律绘本系列”丛书。

本丛书面向青少年，致力于打造“最活泼有趣的法律书”，目前有五部作品，马米奇遇记、马米历险记、马米穿越记、马米禁毒记和马米防欺凌记，分别以“权利保护”“预防犯罪”“安全保

护”“禁毒常识”和“预防欺凌”为主题，用生动有趣的童话故事讲解法律知识，故事情节妙趣横生，插图清新活泼，摆脱了以往此类图书的生硬死板，让孩子们在轻松愉快的阅读中学会如何行使合法权利，保护自己，预防犯罪。本丛书可以作为青少年朋友们的课外阅读读物，也可以作为家长指导孩子的亲子读物和教师课堂讲授的教材。

我们衷心期望所有的孩子都能健康快乐地成长！

本书编者

主人公简介

淘气鬼马米：五年级小学生，开朗活泼，乐于助人。

一次偶然的机会被克里斯星总统赋予了变身魔法，成了守护地球青少年的“百变小超人”。

后因任务完成出色，获得拥有神奇魔力的克里斯手环。

依诺：克里斯星人，身材只有地球人拇指大小。

精通地球法律知识，力气大得出奇，可以轻而易举地举起一辆汽车。

在他的协助下，马米帮助很多青少年脱离了险境。

口头禅：“我为自己的能力感到深深的害怕！”

目录

第一集　宝贝树

最近，学校内疯传着一个消息，说是一位得道成仙的高人曾居住在学校附近的小树林里，还在小树林里留下了价值连城的宝物。

马米、小律、小辉和小治一听到这个消息，精神头儿全来了。星期六一大早，他们带上了指南针、望远镜、铁锹等装备，斗志昂扬地来到小树林，像真正的探险家那样，开始了热火朝天的寻宝行动。他们时而攀上树梢瞭望，时而贴在地面倾听，时而探进树洞摸索，时而搬起石头找寻……

当大家忙得正起劲儿的时候，小辉突然发现，不远处的一簇灌木丛中升腾出缕缕青烟。

不会是着火了吧？几个人紧张兮兮地朝灌木丛

探去，这才发现，原来有个男孩子正蹲在灌木丛后抽烟。

与此同时，男孩子发现有人来了，赶忙站起身，把香烟藏到身后。

“嘿……你怎么在这儿？”大家都认出来了，这不是邻班的同学李亮嘛。

“我，我随便走走。”李亮一脸尴尬，转身就要走。

“别不好意思了，我都看见啦，你在偷着学抽烟！”小辉最喜欢拆穿别人。

“不用你多管闲事！”李亮使劲儿瞪了小辉一眼，一副戒备的表情。

小治却表现出了相当大的兴趣，“李亮，烟到底好不好抽呀？其实我也想试试，只是我爸妈总在身边，我都没机会碰那东西”。

“是呀，抽烟到底是什么感觉呀？”马米也很好奇，有那么多大人都喜欢抽烟，想必抽烟的感觉应该不错。

一聊起有关香烟的话题，李亮的话顿时多了起来：“说实话，烟的味道确实不怎么样，挺呛人的，不过，我们已经不是小孩子了，抽烟、喝酒是大人的能力，如果连这个都不会，会被看不起的！你们看电影里，那些风度翩翩的男主角手里都夹根烟，多帅呀！这叫魅力……”

“说得有道理！”小辉连连点头。

“你还有烟吗？能给我们试一下吗？”小治把手伸了出去。

马米也是一副跃跃欲试的样子。

“没问题！”李亮乐不可支地从裤袋里摸出几根香烟，然后，“噌”的一声点燃了打火机。

依诺看不下去了，他急得在马米耳朵里直跳脚：“马米，烟、酒不仅危害青少年的身心健康，而且极易引发违法犯罪行为，你身为正义使者，千万不能抽烟，也不能让他们学抽烟！”

“就试一下也不行吗？”马米小声央求。

“不行！不行！”依诺跳得更起劲儿了。

马米疼得“嗷”的一声叫了起来，“服了你了！快停下，我不试还不行么！”

小律、小辉、小治不由得一愣，“咦？马米，你在和谁说话呀？”

“哦，没什么，我在……自言自语。”马米轻轻地揉了揉耳朵。

就在这时，依诺突然想到了一个绝妙的主意，他将自己的计划告诉马米。

马米哪里还敢怠慢，赶紧捂着肚子，火急火燎地向一旁跑去，还大声喊道：“我肚子疼，忍不住了，你们别偷看啊！”

“嘿！谁会偷看呀！”小伙伴们纷纷紧捂着鼻子，把脸扭到一边，好像已经闻到了臭味似的。

就在马米离开后不久，小树林里响起了一个欢快的声音，“同学们，我就是你们所要寻找的宝物，我在这里已经等候你们多时了！”

听到“宝物”两个字，小伙伴们的血液立刻沸腾了，他们你看看我，我看看你，兴奋得都说不出话来，至于抽烟的事情，早就被他们忘到了九霄云外。最后，还是小律先反应了过来，她对着空气问：“宝物，你在哪里呀？”

“我是宝贝树，就在你们的身后！”那声音又响了起来。

大家转过身一看，只见不远处果然有一棵大树，只是它的样子普通极了，跟宝贝两个字好像扯不上半点儿关系。

“宝贝树，你到底宝贝在哪里呀？”小辉疑惑地问。

“只要你站在我面前，喊三声‘宝贝树’，就可以看见20年后的你！”宝贝树愉快地回答。

这是真的吗？大家互相看了看，小治按捺不住心中的好奇，抢先来到大树前，朗声喊道：“宝贝树，宝贝树，宝贝树！”

几双眼睛死死盯着面前的大树。

一眨眼的工夫，一位文质彬彬的青年人从树后走了出来，只见他戴着一副金丝眼镜，显得很有学问。

“你是谁？”小治激动得心怦怦直跳。

“我是 20 年后的小治，我已经创造了 23 项科技发明啦！”青年人自豪地说。

“太棒了！我的理想就是做一名科学家，看来我的梦想成真了！”小治开心得在地上直打滚。

小律等不及了，她蹦跳着来到树前，也大喊了三声“宝贝树”。

未来的小治不见了，一位身着白大褂的女医生从树后走了出来，她笑起来的样子甜甜的，好看极了。

小律情不自禁地欢呼起来：“太棒了，我长大后是医生，还是美女医生哦！”

小辉也用同样的方法，看见了未来的自己——一名威武的警官。大家又是一阵喝彩。

最后，李亮也来到大树前，他叼着烟卷，洋洋得意地说：“你们的未来都太普通了，我一定比你们更厉害！”说罢，他信心十足地喊了三声“宝贝树”。

一个身材瘦小的青年从树后走了出来，他一看到李亮，立刻上前夺下了他口中的香烟，扔到地上，使劲儿地踩了几脚。

“你干什么？”李亮瞪起眼睛，不高兴了。

“就是这些东西，把我这辈子都害惨了！”20年后的李亮蹲在地上，双手抓头，一副痛苦的样子。

李亮困惑地望着未来的自己。

20年后的李亮继续喃喃自语道：“很小的时候，我喜欢模仿大人抽烟、喝酒，后来慢慢地就上了瘾，一天至少要抽掉一包烟。结果，这些东西把我的身体弄得很差，不但个子长不高，记忆力也急剧减退，还整天都打不起精神，而且我小小年纪就患上了气管炎，总是咳个不停，和同龄人相比，我就像个未老先衰的小老头！”

“啊？怎么会这样！”李亮大吃一惊，在他的想象中，自己长大后应该像电影里的男主角那样风度翩翩。

“还不止这些呢！”20年后的李亮懊恼地叹了口气，“因为爱抽烟，我从小就和一伙小烟民混在一起，他们大多都是家里管教不严早早就出来混社会的孩子，我跟着他们沾染了不少不良习气，也越来越没有心思学习，初中毕业后就不肯继续读书了。后来，我游手好闲，好的工作不要我，不好的工作我还看不上，整天吃父母喝父母的，成了一名啃老族。有一天，我和几个朋友喝完酒去银行取钱，结果取款机出了故障，我连试了好几次都没取出钱。借着酒劲儿，我一气之下，用酒瓶狠狠地砸了取款机，然后就回家倒头大睡。谁知，第二天早晨，警察就找上门了，我这才知道，我砸碎了三台取款机的屏幕。我辩解说，自己喝完酒，神志不清，不知道自己做了什么。可是，警察告诉我，根据《刑法》规定，醉酒的人犯罪，应当负刑事责任。后来，法院以故意毁坏财物罪对我判了刑，我的人生从此有了污点，刑满释放后，无论是找工作还是找对象，都因此屡屡受挫。我恨死烟、恨死酒了，它们把我的人生全毁了！呜——”

“怎么会这样！”李亮傻眼了，他一屁股跌坐在地上，难以接受这样的未来。

小辉、小律和小治也面面相觑，万万没想到吸烟、喝酒会带来这么严重的后果，现在，他们再也不想去尝试烟酒的滋味了。

一大一小两个李亮抱在一起，嚎啕大哭，这哭声响彻天际，威力大得足以击落一部从外星球来的宇宙飞船。

小律心肠软，最看不得别人难过了，她走上前去，轻轻拍着少年李亮的肩膀，宽慰道："你们别难过了，也许李亮从现在起改掉抽烟、喝酒的坏习惯，一切还来得及！"

李亮抬起头，看着小律，仿佛看到了一丝希望。

小治和小辉也都走了过来，宽慰他说："小律说得对，现在改掉坏习惯，也许来得及！"

大家的鼓励给了李亮莫大的信心，他霍地站起身，坚定地说："我决定了，从今天开始，我再也不去碰烟、酒那些坏东西了！你们每个人都可以监督我！"

说也奇怪，李亮的话音刚落，20年后的李亮不见了，另一位风度翩翩的帅小伙从大树后走了出来。

"你是谁呀？"大家都愣住了。

"我是20年后的李亮呀！我已经取得了博士学

位，现在我准备好好做科研，为祖国作贡献！”帅小伙举手投足间都透着十足的魅力，比电影里的男主角还要帅上一百倍呢。

“真了不起！”小伙伴们热烈鼓掌。

看到未来的自己如此优秀，李亮情不自禁地流下了激动的泪水，他在心里暗暗发誓，自己一定要信守承诺，绝不食言！

从那天起，关于宝贝树的故事被传得神乎其神。每到放学后，宝贝树前都会围拢很多好奇的学生，不厌其烦地喊着“宝贝树”。奇怪的是，宝贝树再也没有显灵过。

这棵神秘的树，成为棒棒糖小学校史上一段美丽而又迷人的传说。

依诺小贴士

小伙伴们，吸烟、酗酒是有害身体健康的行为。同时，酒还会麻醉人的神经，喝酒后可能会做出自己都无法控制的事情。导致青少年打架斗殴、寻衅滋事等犯罪的很大一部分原因就是酗酒后胡来。因此，未成年人不应沾上吸烟、酗酒的习惯，努力学习、提高文化素养与品位，才是迈向成熟、稳重与潇洒的第一步。

依诺特别法律讲堂

哪些行为是不良行为，哪些是严重不良行为？

为了我们的健康成长，国家特别制定了一部《预防未成年人犯罪法》。这部法律告诉我们要警惕不良行为和严重不良行为，因为未成年人犯罪一般都有一个“不良行为→违纪→违法→犯罪”的发展过程。有不良行为的未成年人，如果得不到及时有效的矫治，便很容易从不良行为发展到违法行为，甚至实施犯罪行为。下面，我们就来看看哪些行为属于不良行为和严重不良行为吧！

一、不良行为，是指未成年人实施的不利于其健康成长的下列行为：

（一）吸烟、饮酒；

（二）多次旷课、逃学；

（三）无故夜不归宿、离家出走；

（四）沉迷网络；

（五）与社会上具有不良习性的人交往，组织或者参加实施不良行为的团伙；

（六）进入法律法规规定未成年人不宜进入的场所；

（七）参与赌博、变相赌博，或者参加封建迷信、邪教等活动；

（八）阅览、观看或者收听宣扬淫秽、色情、暴力、恐怖、极端等内容的读物、音像制品或者网络信息等；

（九）其他不利于未成年人身心健康成长的不良行为。

二、严重不良行为，是指未成年人实施的有刑法规定、因不满法定刑事责任年龄不予刑事处罚的行为，以及严重危害社会的下列行为：

（一）结伙斗殴，追逐、拦截他人，强拿硬要或者任意损毁、占用公私财物等寻衅滋事行为；

（二）非法携带枪支、弹药或者弩、匕首等国家规定的管制器具；

（三）殴打、辱骂、恐吓，或者故意伤害他人身体；

（四）盗窃、哄抢、抢夺或者故意损毁公私财物；

（五）传播淫秽的读物、音像制品或者信息等；

（六）卖淫、嫖娼，或者进行淫秽表演；

（七）吸食、注射毒品，或者向他人提供毒品；

（八）参与赌博赌资较大；

（九）其他严重危害社会的行为。

小伙伴们，我们要在日常生活和学习中养成良好的行为习惯，不断增强法律意识和自我保护意识，远离上述不良行为和严重不良行为，珍爱生命，健康成长，做遵纪守法的好少年！

第二集　超级赛车

棒棒糖小学近期将要举办一场玩具遥控车大赛，同学们个个摩拳擦掌，纷纷把遥控车带到学校，只要稍微有点儿休息时间，就会三五成群地凑到一起，一争高下。

小宇是马米班上的同学，由于家里经济条件不好，一直都没有一部属于自己的遥控车，看着同学们玩得这么起劲儿，他别提多羡慕了。这天，他鼓足十分的勇气，来找同学李刚借遥控车玩。

李刚的遥控车属于班上性能最先进的全能型赛车，不仅可以爬坡、转圈，冲刺能力也特别强，很多同学都找他借着玩。可是，李刚是个小势利眼，向来嫌贫爱富，不但不把车借给小宇，反而还阴阳怪气地说：“穷鬼也配玩我的车，不好好照照镜子！”

小宇耷拉着脑袋伤心地走开了，眼泪在眼圈里直打转。

马米和依诺都觉得李刚太过分了，不借就不借呗，干嘛说那么难听的话呀！他们想帮助小宇实现愿望。

午饭过后，同学们挪开桌子椅子，在教室里腾出一块儿空地，又热火朝天地玩起了遥控车。

小宇默默地坐在自己的座位上，假装看书，其实他一个字也没看进去。忽然，什么东西撞了一下他的脚，小宇低头一看，哇塞，是一部超级动感的遥控赛车！

“这是谁的？”小宇喊了一声。

没人回应。

小宇就像是看见了水晶鞋的灰姑娘，他兴奋地抱起遥控赛车，加入了

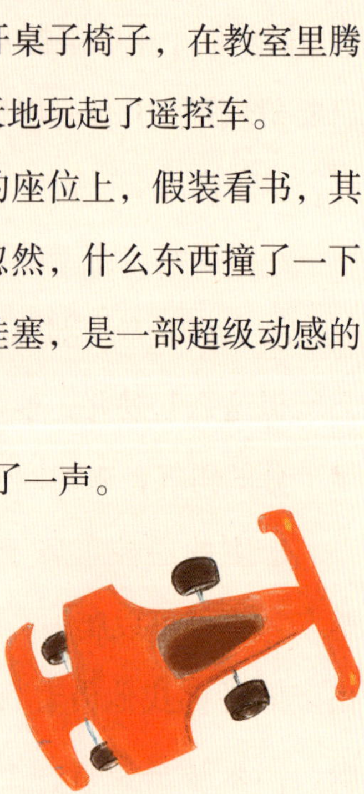

教室里正在进行的遥控车争霸赛。

随着一声哨响，所有的赛车像离弦的箭一般飞驰向前。小赛车手们全神贯注，灵活地操纵着手中的遥控器。

一开始，大家都铆足了劲，斗得不分上下。不过，仅仅过了一分钟，情况就不一样了：有的赛车不时地撞到旁边的墙壁，像在练铁头功；有的赛车电量耗尽了，停在半路上；有的赛车转弯不稳定，翻了个四脚朝天……

李刚和小宇的赛车遥遥领先。前方进入障碍路段，十余个文具盒不规则地摆在路面上，李刚吃力地操纵着赛车，小宇的赛车却像有人驾驶一样，灵活地穿梭于障碍物之间。

同学们都紧张地观看着这场激烈的角逐，有的为小宇呐喊，有的帮李刚打气。

距离终点只剩几步之遥，李刚眼看着自己的车被小宇落下了一大截，不甘心就这么输给小宇，猛地加速，向前面的塑料文具盒撞去。

塑料文具盒被弹到了空中，顺着惯性，落到了小宇赛车的正前方。

小宇的赛车正飞速向前，一旦撞上文具盒就有翻车的危险。

所有人的心都提到了嗓子眼儿。

令大家万万没想到的是，小宇的赛车鲤鱼打挺般一跃而起，腾空翻转 360 度，越过塑料文具盒，稳稳地落在地面上，冲过了终点线。

同学们还没看过这么精彩的赛车比赛呢，他们冲着小宇使劲儿鼓掌，像发现了真正的大英雄。

小宇也目瞪口呆，没想到自己竟能奇迹般地赢得比赛。

李刚成了小宇的手下败将，一副气急败坏的样子，呼哧呼哧地喘粗气。

就在这时，小治慌里慌张地挤进人群，嚷嚷着：“我的赛车不见了，有谁看到没？”

同学们都摇头。

小治到处张望，当

他看见小宇手中的赛车时，眼睛顿时一亮，“咦？我的赛车怎么在你这儿？你什么时候拿走的？也不告诉我一声！”

李刚的精神头儿顿时来了，故意大声说：“哟，原来是偷别人的车来比赛呀！脸皮够厚的啊！”

“什么？小宇，你竟然偷我的车？”小治像不认识似的看着小宇。

“我没偷！真的，请你相信我！”小宇急得满脸通红。

班长代小花见到同学间起了争执，忙来到几人身旁了解情况：“小宇，你如实说，遥控车哪来的？”

“是在我的书桌底下捡的，我当时还问了一声是谁的，可是半天都没有人认领，我就拿来玩了！”小宇连忙解释。

“笑话！小治的车好端端地怎么会跑到你桌子底下，我看你呀，是人穷志短，自己

没有，就动歪脑筋！”李刚有意挑拨。

“小宇，我把你当好朋友，你怎么能做出这种事？”小治气呼呼地看着小宇。

“好了，你们都别吵了，现在案情已经十分清楚了！”班长代小花看老师不在，就决定自己当法官，“小宇有偷赛车的动机，而且人证、物证俱在，小宇偷了小治的赛车，犯了盗窃罪，是小偷！要罚他每天给班里打扫卫生！”

同学们刚才还对小宇充满了敬意，现在目光里全是鄙视和轻蔑，他们指指点点地小声议论着：

“小宇原来是个小偷，以后我们不跟他玩了！”

“对，不跟他玩了！”

李刚这下可得意了，他往地上丢了垃圾，然后趾高气扬地指着地面说：“小宇，快照班长的话做，把地扫干净！”

小宇蒙受了不白之冤，瘦小的身体瑟瑟发抖，心中充满了委屈和悲愤。

而此时，有一个人比小宇还要难过，那就是马米！原来，马米为了帮助小宇实现愿望，就照着小治赛车的样子，变身成一部赛车，还使尽浑身解数赢得了比赛，可是，没想到他居然好心办了坏事，还引起了同学们的误会，让小宇背了黑锅。

“别急，马米，我有个好主意！”依诺悄悄来到“小赛车马米”的身边。

教室里闹哄哄的，谁也没有注意到这部小赛车自己动了起来，悄悄地开出了教室。在一个没人的角落，它摇身一变，变成了班主任杨老师的样子。

“刚才，班长代小花当了一次小法官，是不是？”“杨老师”笑眯眯地走进教室。

“呀！杨老师的消息好灵通啊！”同学们都很惊讶。

“杨老师”继续说道：“感谢小花班长帮助老师管理班级！有些人爱占小便宜，妄想不劳而获，就去偷别人的东西，这呀，是非常可耻的！而且，一旦养成了偷东西的习惯，就很容易从小偷小摸发展到大偷大摸，走上违法犯罪的道路。曾经，有两名未成年人喜欢顺手牵羊，还以此为荣，觉得自己很有本事。又一次偷盗的时候，他们的盗窃行为被被害人发现了，与他们扭打在一起。两名未成年人看见周围的人都围了过来，情急之下，他们拿出小刀向被害人捅去，致使被害人失血过多去世。此时，他们的盗窃行为已经转化为抢劫行为，被法院分别判处无期徒刑和有期徒刑13年。所以，我们应该吸取他们的教训，不偷拿别人的东西！”

代小花觉得“杨老师”是在表扬自己的做法正确，美滋滋地听着。

“杨老师”突然话锋一转：“不过，给人定罪是一件非常严肃的事情，不是每个人都有资格这样做！”

哦？同学们都不说话了，安安静静地等着“杨老师”讲。

“这是因为，为了

震慑犯罪，维护良好的社会秩序，刑法规定了最严厉的惩罚手段，一旦给一个人定了罪，轻的让人失去自由，严重的可能剥夺一个人的生命，而且这个人身上会永远背着‘罪犯’的烙印！”

“哇，好吓人哦！”同学们夸张地大呼小叫。

“杨老师”将目光移到代小花的身上，继续说：“因此，我们国家对定罪量刑规定得非常严格，当发生了坏人坏事的时候，应先由公安机关的警察叔叔阿姨进行侦查，确定犯罪嫌疑人和犯罪证据，然后他们会把案件移送到检察院，检察院的叔叔阿姨会仔细审查警察叔叔阿姨在破案时有没有错误。如果没有错误，检察院会把犯罪嫌疑人诉至法院。法院接到案子，就会开庭审理，检察院做公诉人，犯罪嫌疑人就是被告。最后，由法院来判决一个人有没有罪。这样做，可以让法院、检察院、公安机关互相制约，保证不冤枉好人。所以，给人定罪量刑是一件非常严肃的事情，我们不能擅自认定他人是小偷，否则，就会侵犯他人的名誉权，要承担侵权责任。”

代小花立刻脸红了，她明白了“杨老师”的用意，赶紧来到小宇面前。小宇还在委屈地抹眼泪，看见代小花过来，他哭得更伤心了。

“小宇，对不起！我现在才知道，我没有资格说你是小偷，更没有资格对你作出处罚，我向你道歉！”代小花诚恳地说。

“杨老师”笑着向代小花点点头，补充说道：“还有一点也很重要，那就是，要构成犯罪必须达到刑事责任年龄。只有年满十六周岁的人实施了盗窃行为，才会构成盗窃罪。所以，即使小宇真的偷了东西，也不会被判盗窃罪。”

“原来是这样呀！”同学们恍然大悟。

就在这时，小治猛地一拍脑袋说道：“我想起来了，刚才那个不是我的赛车，我的赛车被我借给体育老师了！”

“看来，小宇是清白的！小宇是最棒的赛车手！”同学们纷纷围在小宇身边，一阵欢呼。

小宇破涕为笑，眼睛眯成了两条细缝。

这时，“杨老师”对李刚严厉地说：“刚才谁往地上丢了垃圾，自己收拾干净！”

李刚只好拿起拖把，灰头土脸地清理地面，看着同学们和小宇在一起的亲热劲儿，别提有多羡慕了。

依诺小贴士

小伙伴们，在未成年人常发、易发的犯罪中，盗窃罪居于首位。俗言道：小时偷针，长大偷金。盗窃是一种可以成瘾的行为，就像吸烟、赌博一样，一旦形成这种坏习惯，就难以戒除。盗窃行为不仅会受到道德与舆论的谴责，还是一种十分恶劣的违法犯罪行为。对此，我们要谨记，不是自己的东西，无论如何，都不能“拿”。

刑事责任年龄

在故事中，我们讲到了一个法律术语，叫作“刑事责任年龄”，它是指承担刑事责任所要达到的年龄。《刑法》把刑事责任年龄划分为五个阶段，让我们一起来看看吧！

第一个阶段是不满十二周岁的人，不负刑事责任。比如，故事中的小宇，他是一名小学五年级的学生，只有十一周岁，即使他真的偷了东西，也不会构成盗窃罪。这是因为，不满十二周岁的孩子，年幼无知，不具备判断是非的能力。所以，他们所实施的危害社会的行为，不被追究刑事责任。

第二个阶段是已满十四周岁不满十六周岁的人，对八种罪行承担刑事责任，分别是故意杀人、故意伤害致人重伤或者死亡、强奸、抢劫、贩卖毒品、放火、爆炸、投放危险物质罪。比如，十五周岁的小亮偷了别人的手机，由于盗窃并不在以上八种罪的范围内，所以他不用对盗窃行为承担刑事责任，但如果他所实施的是强奸行为，就要承担刑事责任了。

第三个阶段是已满十二周岁不满十四周岁的人，犯故意杀人、故意伤害罪，致人死亡或者以特别残忍手段致人重伤造成严重残疾，情节恶劣，经最高人民检察院核准追诉的，应当负刑事责任。

第四个阶段是已满十六周岁的人，无论犯了什么罪，都要承担刑事责任。比如，小亮长到了十六周岁，如果再去偷别人的东西，就要承担刑事责任了。

第五个阶段是对应当追究刑事责任的不满十八周岁的人，应当从轻或者减轻处罚。这主要是考虑到未成年人可塑性强，易于接受改造，所以《刑法》对他们“网开一面”。

有的人可能会问，是不是没有达到刑事责任年龄的人干坏事法律就不管了呢？当然不是，《刑法》还规定，因不满十六周岁不予刑事处罚的，责令其父母或者其他监护人加以管教；在必要的时候，依法进行专门矫治教育。而且，如果造成他人财产或者人身损害的，要承担民事责任。

第三集　机器人保姆

最近，马米看上了一套霹雳战士电动玩具，他央求爸爸妈妈给自己买，可是他们都不同意。

这天，马米在楼下玩儿，发现小区的公告栏上贴着一张招聘广告，内容大致是一对夫妇近期将出差两天，打算招聘一位保姆来照看儿子，报酬是500元。

马米看后兴奋地大叫起来："嘿！依诺，看到了吗？500元！有了它，我就可以去买霹雳战士啦！"

依诺立刻给马米浇了一盆冷水："别以为自己有变身术就可以为所欲为，你睁大眼睛再看看，上面还写着应聘者需带齐本人身份证、保姆从业证、体检合格证才能去应聘，这些你有吗？”

马米被问得哑口无言，不过，他还是不死心。

这对要出差的夫妇明天一早就要出发了，可是，他们的宝贝儿子丁丁挑来挑去，到现在还没选中一位合适的保姆，夫妻俩别提有多着急了。就在这时，门铃响了。

夫妻俩透过门镜往外一看，我的天呀！是外星人吗？只见门外站着一位方形脑袋、方形身子、小细胳膊、小细腿的机器人！

“你好！我是最新的科技成果，我来应聘做保姆！”机器人的声音都仿佛带有金属味儿。

“你有相关证件吗？”夫妻俩问。

“这个我虽然没有，但是，我可以给你们展示我的各种功能，我可是一个非常合格的保姆！”机器人有板有眼地回答。

夫妻俩对视一眼，都觉得难以接受。

望着紧紧关闭的大门，变身成机器人的马米不禁有些失落，看来，他注定与霹雳战士无缘了。

没想到的是，房门突然打开了，一个小男孩从里面探出头来，他用好奇的眼光上下打量着“机器人马米”。

马米看见了一丝希望，他赶紧咧开嘴巴，露出最灿烂的笑容：“你好，我是保姆机器人，我会踢足球，会游泳，还会三步上篮呢！”马米说着，做了一个超级帅气的投篮动作。

“哇！酷！”小男孩尖叫起来，他转过头对爸爸妈妈说，“我就要它做保姆！”

“可是，宝贝，它是机器人呀！”

“我就喜欢机器人做保姆！我就要它！我就要它！”小男孩蹦着嚷叫道。

有一个机器人做保姆总比把孩子单独扔在家里要好得多，夫妻俩思来想去，只好勉强同意。

“万岁！”“机器人马米”把小男孩抱了起来，两人一起大声欢呼。

夫妻俩揉了揉眼睛，感觉像在看科幻片。

第二天，马米放学后先去买了两份快餐，然后以最快的速度来到丁丁家。不过，丁丁今天的情绪不高，见到“机器人马米”时也是一副爱搭不理的样子，和昨天判若两人。

“你怎么了？被老师批评啦？”马米猜道。

丁丁蜷缩在沙发上，摇摇头。

“考试没考好？”

丁丁还是摇头。

“那是……被人欺负了？”

马米刚问完这句话，丁丁的眼泪就像决堤了似的，稀里哗啦地往下淌。

马米感觉事情不妙，赶紧追问：“究竟是怎么回事，能告诉我吗？”

“呜——，他不让我说，如果说出去，就会把我大卸八块，丢到湖里喂鱼，呜——”

马米的脑海里顿时浮现出丁丁被丢到湖里的情形，

那样的话，自己这个保姆就彻底失职了。想到这儿，马米的额头渗出了一层冷汗。

“别担心，有我呢！”依诺小声安慰了一句，然后，他模仿“机器人马米”的金属音说：“他是在吓唬你呢，他怕你把他做的坏事说出去，才这样说！”

“可是，我害怕他真的这么做！他可凶了！”丁丁还是很担心。

“丁丁，遇到坏人的时候，不能一味地胆怯忍让，那样的话，不仅会让自己整天处于恐惧中，还会让坏人更加嚣张！”

“那我该怎么做呀？”丁丁以为这些话都是机器人保姆说的，便向它投去求救的目光。

“当我们遇到违法犯罪行为的时候，应该及时告诉家长、老师或者报警，取得大人们的帮助，这也是法律赋予我们未成年人的权利！《未成年人保护法》规定，保护未成年人，是国家机关、武装力量、政党、人民团体、企业事业单位、社会组织、城乡基层群众性自治组织、未成年人的监护人以及其他成年人的共同责任。”依诺继续说，马米装模作样地对口型。

听了机器人保姆的话后，丁丁感觉自己不再是任人宰割的沉默羔羊了，而是受法律特别保护的祖国花朵，因为老师、家长、警察和法律统统都站在自己这一边！于是，他勇敢地说出了事情的经过。

原来，丁丁在放学回家的途中遇到了一名高中男生，他不仅对丁丁拳打脚踢，抢走了丁丁的手机，还让丁丁准备 200 元钱在明天放学时交给他，并威胁丁丁不许把这件事告诉任何人。

依诺和马米最看不惯这种以大欺小、恃强凌弱的事情了。这是男子汉干的事嘛？真给男同胞丢人！他们决定帮助丁丁伸张正义。

第二天下午放学后，丁丁背着书包往家走，马米变成隐身人跟在他的身后，依诺则顺着丁丁的裤脚悄悄地爬上了他的头顶。

“机器人保姆，你还在吗？”路上，丁丁总是不放心地问。

“我就在你的左边。”空气里传来马米的声音。

丁丁伸手往左边摸了摸，果然碰到了一个有形的物体，他的心里顿时踏实了很多。

就在丁丁走进昨天的小胡同时，那名高中男生如鬼影般突然出现了。

丁丁吓得身子一颤。

“让你准备的钱带来了没？”高中男生凶着脸问。

丁丁按照事先和机器人保姆商量好的计划，鼓起勇气说：“你仗着比我年纪大，身体比我强壮，就向我索要财物，这种强拿硬要的行为，是一种不良行为，奉劝你立刻改正！”

这名高中男生叫周虎，从小就与溺爱他的爷爷奶奶生活在一起，无论他做错了什么，爷爷奶奶都会护着他，从来都舍不得骂上一句。久而久之，周虎就养成了任性、霸道的性格，无论是在学校，还是在街坊邻里之间，他都是为所欲为，如果看上了哪个小朋友的东西，直接冲上去就抢，不给就打。此时，听到丁丁斥责自己做得不对，周虎顿时气得火冒三丈，不由分说便亮出拳头，要动手去抢丁丁的书包。

丁丁虽然心里怕得要命，但还是用尽全身力气大喝一声："吃我一招，无影脚！"

咚——周虎的屁股挨了一击，他疼得龇牙咧嘴，一边揉着屁股，一边心里纳闷：神了！他明明站在我前面呀，是怎么踢到我屁股的？难道他真的会无影脚？

丁丁这下可神气了，他摆出一副打拳击的动作："怎么样？还想尝尝无影拳的厉害吗？"

"哼！臭小子，看我怎么收拾你！"周虎不肯服输，从地上捡起一块砖头，猛地向丁丁掷去。

不可思议的事情发生了，飞在空中的砖头在半路居然调转方向，朝着周虎径直飞来。

"妈呀！有鬼！"周虎见势不妙，捂着脑袋掉头就跑。

“机器人保姆，再替我多打他几下！”丁丁觉得不解气。

“不行！刚才他动手抢你东西，你为了保护自己而还击，属于正当防卫。现在，他已经停止侵害了，你如果再对他进行攻击，就属于故意伤害了，

一旦造成损害后果，就要负相应的法律责任！”依诺小声说。

“哦，原来是这样呀！”丁丁以为这些话都是机器人保姆说的呢，更加佩服它了。

就在这时，事先接到报警的警察突然从天而降，他们使出擒拿功夫，不费吹灰之力就将周虎按倒在地。

“你们放开我！你们凭什么抓我！”周虎不服，一边使劲挣扎，一边嚷嚷。

“你到现在还不知道我们为什么抓你？因为你多次在这里拦截低年级同学，不仅对他们随意殴打，还强拿硬要财物，这些行为已经涉嫌违法犯罪！”警察严肃地说。

“什么？我涉嫌违法犯罪？”周虎听到这几个字，立刻傻眼了，身子顿时软了下来。

“走吧，跟我们到公安局接受调查！”两名警察一左一右地架着周虎，将他带上了威严的警车。

“爷爷奶奶，以前我抢邻居家小朋友东西时，

你们怎么从来都不教育我呢？”周虎流下了悔恨的眼泪，等待他的，将是法律的惩罚。

这时，一名警察来到丁丁的身边，赞赏地拍了拍他的肩膀：“小朋友，你的无影脚还真不赖呀！”

“嘿嘿，这是因为我有世界上最最棒的机器人保姆！”丁丁自豪地说。

马米和依诺心里都美滋滋的，尤其是马米，竟得意忘形地笑出声来。

“谁？”警察们警惕地向四周张望。

“这个嘛，无可奉告！”丁丁朝着空气狡黠地眨眨眼睛。

依诺小贴士

小伙伴们，强拿硬要他人财物是一种严重不良行为，实施这种行为，不仅使他人遭受损害，对行为人自身而言，其多次实施这样的行为，还容易形成抢劫、寻衅滋事、敲诈勒索等犯罪的萌芽，严重危害社会安全。对此，我们应当树立他人财产不可侵犯的意识，养成不拿他人物品，不强行占用他人财物的习惯，保持良好的品性。

依诺特别法律讲堂

正当防卫

根据《刑法》规定，为了使国家、公共利益、本人或者他人的人身、财产和其他权利免受正在进行的不法侵害，而采取的制止不法侵害的行为，对不法侵害人造成损害的，属于正当防卫，不负刑事责任。通俗点儿说，正当防卫就是当有坏人欺负我们时，我们为了保护自己的人身或者财物而进行反抗，一旦把坏人打伤，我们可以不用负刑事责任。

但是，我们不能以正当防卫为由随便打伤别人，那样的话，社会就乱了，我们的安全也就没了保障。所以，《刑法》对正当防卫作了严格的规定，它要满足五个条件，让我们一起来看看吧！

一、原因条件，就是说，坏人欺负你的行为是真实存在的，而不是你自己想象出来的。

比如，一个人把手伸进裤兜，你以为他要掏枪行凶，就先下手为强，揍了他一顿。结果，这个人掏兜，只是为了拿钱包，那么，行凶行为就只是你自己想象的，并不真实存在，你的行为就不构成正当防卫，一旦把人打伤，就要负相应的责任。

二、时间条件，是指欺负你的行为正在进行。

比如，小偷偷你钱包时，你可以立刻进行反抗，夺回钱包。但是，你当时并没做声，而是第二天叫了一伙同学去打这个小偷，这时，小偷并没有侵害你的财物，你再对他拳脚相加，就不是正当防卫了。

三、主观条件，意思是我知道自己的权利被侵犯所以还手，而不是有其他私人恩怨。

比如，你和同学结怨，为了“修理”他，故意用激将法挑逗他来打你，然后你就以正当防卫为由，趁机报复。这种情况下，因你主观上早已具有犯罪意识，所以，不符合正当防卫的主观条件。

四、对象条件，就是说，你只能打歹徒本人，如果打的是别人，就不算正当防卫了。

比如，故事中的周虎欺负丁丁，如果丁丁此时却对一名路人进行还击，这也不是正当防卫。

五、限度条件，是指你的反抗和你受到的伤害，级别差不多。

比如，别人只是偷你的手表，你却把他打成重伤，显然，你的反抗远远超过你的损失，就不构成正当防卫，在这种情况下，你就要承担责任了。那么，如何把握好这个限度呢，一句话——别太过分。

不过也有特例，为了鼓励广大人民群众积极同严重暴力分子作斗争而不必有什么顾虑，《刑法》赋予公民一种特殊的防卫权，即对正在进行行凶、杀人、抢劫、强奸、绑架以及其他严重危及人身安全的暴力犯罪，采取防卫行为，造成不法侵害人伤亡的，不属于防卫过当，不负刑事责任。比如，我遭到抢劫犯持刀抢劫时当场还击，将抢劫犯打伤，或者女性在遭到强奸犯强奸时，用刀将强奸犯刺死，都属于正当防卫，不用负刑事责任。

小伙伴们，正当防卫是我们的权利，但也是有风险的，未成年人在身体上处于弱势，一旦遇到危险，我建议大家尽量避免同犯罪分子发生正面冲突，应采取策略先避开危险，并及时寻求家长、学校老师、公安机关或者身边群众的帮助，在必要的时候拨打110，及时保护自己。

第四集　天宫小学的顽皮学生

连续三天的暴雨让樱花市遭了秧，洪水所到之处，房屋倒塌，生产、生活设施严重受损。

窗外，瓢泼大雨依旧哗啦啦地下个不停，马米焦急万分，再这样下去的话，自己所在的城市就要变成一片汪洋了！

马米坐不住了，他异想天开地说：“依诺，我怀疑天是不是漏了，要不我们飞上去看看吧？”

“好呀，去看看！”依诺也坐不住了。

于是，马米变成了一只矫健的雄鹰，他把依诺背在背后，迎着大雨，振翅向苍穹飞去。

一道银蛇般的闪电在漆黑的天幕上乱窜，马米使劲扑扇了几下翅膀，灵活地躲闪到一边。

轰隆隆——一声沉雷在马米的头顶炸开，疾风挟带着豆大的雨点儿无情地打来，马米觉得翅膀越来越重。

“正义使者，坚持住，借着风势飞！”依诺为马米鼓劲。

马米勇敢地昂起头，咬紧牙关，乘着风势向上飞去。

就在马米感到精疲力竭的时候，忽然觉得眼前一亮，他抹了抹脸上的水珠，向四周一看，发现自己已经飞到云层上了！这里阳光普照、晴空万里、惠风和畅，天气好得不能再好！

马米变回原样，伸长脖子，做了个翘首瞭望的动作，看见不远处有几个和自己年纪相仿的男孩子，正在兴高采烈地玩儿着什么。

“我要再加点儿猛料，让人类吃尽苦头！”第一个男孩子手举莲蓬头，他用力按了一下背后水箱上的按钮，莲蓬头喷射出的水流变得更大了。

“我也要加把劲儿，最好把人类吓得都尿裤子，哈

哈——”第二个男孩子坐在架子鼓上，一阵狂敲，“咚咚咚——咚咚咚——”架子鼓随即发出巨大的声音。

“人类，来见识一下我的厉害吧！”第三个男孩子用鞭子使劲儿抽了一下地上的陀螺，陀螺转动得更快了，闪出五颜六色的光芒。

“嘿，他们玩得真带劲儿！”马米不自觉地被吸引了。

“你还没看明白吗？这是三位小神仙，就是他们才造成了这场罕见的暴雨！”

经依诺这么一说，马米才意识到，这三个男孩子分别控制着雨、雷、电，正是他们的胡作非为才给自己的城市带来了灾难。想到这儿，马米一个箭步冲上前去，大喊道：“快住手！住手！”

“你是谁呀？”小神仙们一齐看向马米。

“我是住在这片天空下的一名小学生，你们快点儿住手吧，不然的话，人类就有大麻烦了！”马米焦急地说。

“我们就喜欢给别人带来麻烦！哈哈！”小神仙们肆无忌惮地大笑起来。

“你们怎么连一点儿怜悯心都没有？”马米的话里带着一股气。

“哼！谁要你多管闲事！”

“快走开！不然就让你尝尝我们的厉害！”

紧接着，小神仙们拿起手中的法宝，向马米发起猛烈进攻。

“夺命暴风雨！”

“惊天霹雳雷！”

“无敌闪电光！”

刹那间，来势汹汹的暴风雨、惊雷、闪电全都劈头盖脸地向马米袭来。

马米无力还击，只好三十六计走为上计。

“哈哈——真没用！”小神仙们狂笑了一阵后，继续对云层下方的人类施暴。

马米一时间想不出对策，只能在远处眼巴巴地看着，不住地长吁短叹。

这时，依诺跳到马米的肩膀上，递给他一件东西：“这是我刚刚捡到的，你看看，是什么？”

马米接过来一看，原来是一张天宫小学的学生证，只见上面写着证件主人的名字：小雨神稀里哗啦，再看看证件的背后，还印着天宫小学校长的头像，竟是大名鼎鼎的猪八戒！

“正义使者，现在知道该怎么办了吧？”依诺向马米挤了挤眼睛。

“知道啦，知道啦！哈哈哈！”马

米都乐出鼻涕泡了，他摇身一变，变得和猪八戒校长一模一样，又一次来到三位小神仙面前。

这回，小神仙们的威风劲儿全没了，像老鼠遇到猫一样，调头就跑。

“站住！”“猪校长”大喝一声。

“是！”小神仙们只好停下脚步，规规矩矩地站成一排。

“你们为什么要这么做？”“猪校长”用严厉的语气问。

“因为我们想做暴力英雄！”小神仙们齐声回答。

这个答案让马米和依诺感到十分意外，经过深入交谈他们才得知，原来，这几位小神仙生性活泼好动，经常调皮捣蛋，而且学习成绩一直不好，因此他们在学校得不到老师的重视、同学的友爱，在家里也经常遭到父母的责骂，这些都让他们觉得很孤单、很失落、很无助。最近，他们读了一本名为《暴力英雄》的书，内容讲述的是一名孤儿在成长的过程中受尽了虐待和屈辱，后来历经百般磨炼，成了一名让所有人都闻风丧胆的职业杀手。小神仙们从主人公身上看到了自己的影子，他们也想模仿主人公的暴力行径，做出一些惊天动地的事来给老师、同学和家长瞧瞧，让大家知道他们有多么了不起。

小神仙们在讲这些话的时候，脸上还时不时露出得意的神色，仿佛给他人带来灾难是一件挺光彩的事。

依诺感到非常震惊和痛惜，他站在马米头顶，用“猪校长”的口吻说道：“同学们，你们不该看这种有暴力内容的读物！这是一种精神鸦片，你们应该离得远远的！”

“为什么不能看？这本书很好看啊！”小雨神问。小雷神和小电神也是一脸迷惑。

“好看的书并非都是好书，看一本坏书，或者是一部不适宜青少年的影片，就如同交上了一个坏朋友，未成年人辨别能力不强，暴力、色情等内容会扭曲你们对世界的理解，更会把你们引入歧途，酿成大错！曾经有一名十六周岁的男生小黄，在看了一部黑帮题材的电影后，热血沸腾，觉得黑帮老大特别酷，把他当作偶像崇拜。一次和同学闹矛盾的时候，小黄想起了黑帮电影里的情节，他模仿黑帮老大的行为方式，找来两名好朋友，用暴力解决问题，结果把对方打成了重伤。小黄因此犯了故意伤害罪，成了一名囚犯！”

三位小神仙不说话了，他们低下头，看见云层下方的人类正在承受着灾难带来的巨大痛苦，有的被洪水吞噬了宝贵的生命，有的落下残疾无法正常生活，有的房屋被毁无家可归……

“你们看，你们给人类带来这么多灾难，他们会尊重你们吗？你的老师、同学、家长会因此而尊重你们吗？不会！被你伤害的人只会痛恨你，你的亲人、朋友也只会更加伤心、难过！”

小神仙们被眼前的一幕幕刺痛了双眼，他们内疚极了，鼻子一酸，难过地大哭起来，“校长，呜——您别说了，我们知道错了，我们再也不看这种书了，它害人害己，不是好东西！我们不会再用暴力去逞能了，呜——”

见到小神仙们迷途知返，马米和依诺终于松了口气。

很快，天空中乌云散去，露出了一片湛蓝，还有太阳妹妹那可爱的笑脸，樱花市重新沉浸在祥和美好的氛围中。

依诺小贴士

小伙伴们，未成年人渴望了解各种知识，对涉及暴力、恐怖、色情之类的读物缺乏辨别力，许多人出于好奇去看这类书，觉得很刺激，也有一些学生把看这类书作为缓解学习压力的一种手段，不知不觉误入歧途。对此，我们应学会克制自己，远离不良读物，眼不看为净，耳不听不烦，保持一颗纯真的童心。

依诺特别法律讲堂

拒绝“黄色”诱惑

随着青春期的到来，很多未成年人会对异性的身体感到好奇，渴望了解这方面的知识，很容易被不健康的色情、淫秽音像制品、读物所吸引。但是，这些音像制品、读物对我们的身心健康危害极大，轻则使人精神萎靡、颓废，丧失学习兴趣，重则导致未成年人做出有损身心健康的事情，甚至走上违法犯罪的道路。因此，《预防未成年人犯罪法》规定，阅览、观看或者收听宣扬淫秽、色情、暴力、恐怖、极端等内容的读物、音像制品或者网络信息等均属于不良行为。

曾经有这样一个案例，十五周岁的小李是同学们中的“电脑专家”，曾参加过中学生电脑操作大赛，并获得一等奖，学校、家长都为他骄傲。有一天，他在网上看到了一个令人意想不到的“黄色”

情景。开始他感到慌乱，连忙关掉电脑，但直观的视觉刺激使他焦躁不安。于是，他又打开电脑，继续看起来。从此，他就像打开了潘多拉的盒子，整个人都变了，从前在体育场上生龙活虎的他，开始整天一副无精打采的模样。他也知道看这类东西不好，却偏偏像中了毒瘾一样欲罢不能。一天，他以教电脑技术为名，引诱女同学来到家里，强迫对方与自己发生了不该发生的事。后来，他又将罪恶之手伸向一名年仅十三周岁的幼女。事发后，小李被判处了有期徒刑。

小李所触犯的罪名叫作强奸罪，所谓强奸罪，是指以暴力、胁迫或者其他手段，强奸妇女的行为。根据《刑法》第二百三十六条的规定，犯本罪的，处三年以上十年以下有期徒刑。奸淫不满十四周岁的幼女的，以强奸论，从重处罚。强奸妇女、奸淫幼女，有下列情形之一的，处十年以上有期徒刑、无期徒刑或者死刑：（一）强奸妇女、奸淫幼女情节恶劣的；（二）强奸妇女、奸淫幼女多人的；（三）在公共场所当众强奸妇女、奸淫幼女的；（四）二人以上轮奸的；（五）奸淫不满十周岁的幼女或者造成幼女伤害的；（六）致使被害人重伤、死亡或者造成其他严重后果的。

小李由一名好学生沦为少年犯，相信每个人都不禁为他扼腕叹息。大量事实早已证明，色情、淫秽物品不仅对人产生消极影响，还会毒害人的心灵，使人堕落，以致走上违法犯罪的道路。小伙伴们，我们一定要从同龄人身上吸取教训，提高自身免疫力，远离“黄色”幽灵，拒绝“黄色”诱惑。

第五集　玩具闹翻天

放学后，马米蹦蹦跳跳地往家走。当走到家门口的时候，他忽然听见一阵嘈杂的声音。

“奇怪！声音怎么好像是从我家里传出来的？”马米赶紧把耳朵贴在房门上，我的天呀！只听叫喊声、哭闹声、碰撞声连成一片，简直比下课时的操场还要热闹！

马米的心一阵怦怦乱跳：平常这个时候，爸爸妈妈都还在单位上班，今天家里又没有特殊的事情，他们不可能提前回来呀！难道……是犯罪团伙潜入家中？

想到这儿，马米慌里慌张地跑到楼下，摸出手机，拨通了24小时有人值守的110报警电话。

几分钟后，一辆警车呼啸而至。几名警察冲下警车，他们向马米了解了相关情况后，快步登上楼梯，用马米提供的钥匙打开了房门。

“不许动！”警察们动作快如闪电，鱼贯而入。

室内一片寂静。

警察们仔仔细细地搜查了几遍，却连半个人影都没看见。他们又认真地勘验了房门和窗户，也没有发现任何被撬动过的痕迹。

警察们的眉头都拧成了一个“8”字，他们用锐利的目光盯着马米：“小朋友，打110电话很好玩，是吧？”

马米知道警察叔叔误会自己了，忙解释说：“我不是打着玩的，刚才，真的有一大伙人在我家里，声音可大了！”

“还在狡辩，像你这样贪玩的小孩我们见多

了！你要知道，每次拨打110电话后，我们都要出警调查，你这样胡乱拨打，浪费了公安机关的警力，可能使现在那些真正需要帮助的人得不到快速有效的救助。所以，法律规定，任何拨打110电话报假案或者进行其他骚扰行为的，都属于违法行为。今后，你如果再这么淘气，我们就要追究责任了！”警察们将马米严厉地训斥了一通，然后便离开了。

马米觉得很委屈，可是，眼前的事实让他百口莫辩。

第二天，马米和平常一样放学回家。当走到家门口的时候，他又一次听见了嘈杂声，居然和昨天一模一样！而且，依诺说，他也听到了同样的声音！

马米的心又一次扑通通地乱跳起来，看来，昨天自己没听错！那么，这究竟是一伙什么人？他们是怎样进入房中的？昨天又是怎样悄无声息离开的？今天他们又在这里做什么？马米真巴不得立刻揭开谜底。为了不再次打草惊蛇，他决定潜入房中，一探究竟。依诺也摩拳擦掌，要助马米一臂之力。

马米摇身一变，变得和依诺一般大小，两人顺着门缝，钻进了房间。

眼前的景象让他们惊讶得半晌都说不出一句话！

马米的玩具全部都像被施了魔法一样，活了过来！它们不仅会动，还会说话！现在，它们正在进行着一场空前绝后的玩具大战！

铠甲勇士和霹雳王正斗在一起，两人手中的武器上下翻飞，不时发出“噼噼”“啪啪”的撞击声，一时间难分胜负。

玩具小兵们驾驶着一辆坦克在地面上横冲直撞，它们还架起机关枪向霹雳战士们发起猛烈的射击，只可惜，这些机关枪只能发出耀眼的闪光，却发不出一颗子弹。

毛绒小熊驾驶着猛禽战机飞在空中，还时不时地向地面发射橡皮子弹，不过，它的瞄准技术实在不怎么样，总是打到自己人身上，毛绒小熊只好一遍遍地喊着：“啊哦！对不起，老兄！”

……

马米和依诺看得眼花缭乱，就在这时，马米发现，木头小狗和一名霹雳战士正围着一个架子追来追去，架子上的青花瓷瓶被撞得摇摇晃晃，险些掉下来。马米立刻急了，这个青花瓷瓶是爸爸花高价钱从古董市场买回来的，如果摔碎了，爸爸肯定心疼死了。

情急之下，马米迅速变回原样，大喊一声，“快住手，都别打了！”

刹那间，所有的玩具像事先约定好了似的，“呼啦”一下都藏了起来，有的猫到沙发下，有的躲到窗帘后，还有的藏到壁柜里，房间内立刻变得静悄悄的，仿佛什么都没发生过。

面对玩具们的故伎重

演，马米和依诺终于明白昨天是怎么回事了，任凭警察叔叔们侦查经验再丰富，也绝对料想不到“犯罪分子”竟是一堆玩具。

“嘿，你们别藏啦，刚才我都看见你们打架了！你们快出来吧！”马米想叫玩具们出来问个清楚。

玩具们纹丝不动，好像它们从来就不会动似的。

依诺想出了一个鬼主意，他径直来到沙发下，把铠甲勇士从里面拽了出来，使劲儿挠它的胳肢窝。

铠甲勇士开始还一动不动，使劲儿憋着，后来，它实在忍不住了，一下子笑出了声：“哈哈——别挠了，我投降，哈哈——”

“快让大家都出来吧！”依诺说。

铠甲勇士只好对同伴们招了招手，“大家都出来吧，主人已经发现我们会动了！”

几秒钟后，毛绒小熊从窗帘后一扭一扭地走了

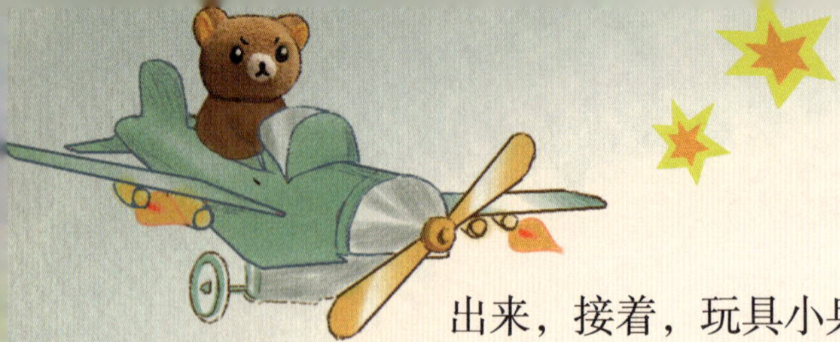

出来，接着，玩具小兵们也列着队走了出来，最后，所有的玩具都陆陆续续来到马米和依诺面前。

马米朝依诺挤挤眼睛，意思是说：真有你的！

依诺也不客气，向上拔了拔胸脯，意思是说：那当然！

看见玩具们都活生生地出现在自己面前，有的伸胳膊，有的踢腿，马米别提有多兴奋了，他蹲下身子，问：“嘿！快点告诉我，你们是从什么时候会动的？”

“其实，我们从被制造出来的那一刻就会动，只不过，我们不想让人类知道！”毛绒小熊说这话时有些得意。

“真带劲儿！”马米猛地一拍大腿，心情激动得就像哥伦布发现新大陆似的，过了一会儿，他又问：“你们干嘛打架呢？”

一提到这个问题，玩具们都叽叽喳喳地嚷了起来。

马米和依诺竖着耳朵听了好半天，总算弄清了事情的原委。原来，霹雳战士们觉得说脏话很有趣，很时尚，所以，它们只要一张口，就一定是脏话连篇。自从它们被马米带回家后，动不动就嘲笑马米家原有的玩具是一群熊包蛋，还说它们是乡巴佬、丑八怪。开始的时候，玩具们对此感到非常困惑、委屈和伤心，每天都承受着巨大的压力，到了后来，它们实在忍无可忍，便动手和霹雳战士们打了起来。

玩具们越说越气愤，纷纷要求小主人马米给大家评评理。

马米觉得双方做得都不对，却又说不出个所以然来，

只好向依诺投去求救的目光。依诺双手背后，板起面孔，像严厉的教官一样毫不留情地说：“殴打、辱骂他人都是不良行为，所以，无论出于什么原因，你们双方的做法都不对！”

“可是我们也不能任由它们侮辱啊，我的好朋友公主娃娃本来是一个开朗阳光的女孩子，自从遭受到它们的辱骂后，精神饱受摧残，现在变得抑郁、自闭，整天哭个不停，所以，为了保护好朋友，我们必须给它们点儿颜色瞧瞧！”铠甲勇士像一头被激怒的狮子。

“难道打架就能解决问题吗？”依诺反问。

经依诺这一问，玩具们都不吭声了，打架斗殴虽然让它们逞了一时之能，可是，它们却因此失去了平静的生活和健康的身体。吹气鸭子被扎漏气了，软软地瘫在地上，一动也不动；铠甲勇士膝盖上的螺丝被打掉了，走起路

来一瘸一拐的；毛绒小熊被扯掉了鼻子，现在，它什么味道都闻不出来了。还有玩具小兵、小瓷猪、泥娃娃也都受了伤，它们别提有多难受了。

依诺继续说，“辱骂他人是要承担法律责任的，我国《民法典》规定，民事主体享有名誉权。任何组织或者个人不得以侮辱、诽谤等方式侵害他人的名誉权。《刑法》规定，以暴力或者其他方法公然侮辱他人或者捏造事实诽谤他人，情节严重的，构成侮辱罪或者诽谤罪。因此，当我们遭受侮辱、诽谤时，要学会运用法律手段保护自己，不能以暴制暴。在未成年人犯罪案件中，因为一句脏话、一记拳头引发的悲剧不在少数。曾经有小东、小西两名学生，因为一点儿小事在微信上互相谩骂，双方都觉得很恼怒。几天后，小东纠集七名男生将小西和另外几人堵在宿舍楼下，对他们进行殴打，一名男生被打成重伤，小西身受轻伤。法院经审理认为，小东的行为构成了故意伤害罪，其余七名被告人积极参与斗殴的行为构成聚众斗殴罪。所以，辱骂他人、打架斗殴的行为害人害己，我们必须坚决杜绝。”

霹雳战士的首领霹雳王一直以为说脏话是一件很酷的事，可是听了依诺的话后，它才知道不文明的语言不仅会伤害他人，严重的还可能构成违法犯罪。霹雳王为自己的无知感到深深地懊恼，它涨红着脸说道：“都怪我们不好，是我们不对！我们其实挺喜欢你们的，木头小狗的踢踏舞跳得可好了，毛绒小熊很会讲笑话，还有铠甲勇士，它特别勇敢。我们想用脏话来引起你们的注意，却不小心伤害了你们，引起了我们之间的矛盾。现在，我们终于尝到说脏话的苦果了，我们以后一定改掉说脏话的坏毛病！请你们原谅我们吧！”

其余的霹雳战士也都深深认识到脏话带来的害处，它们为自己的行为感到羞愧，于是齐声说道：

“都怪我们不好，我们以后一定改正！”

看到霹雳战士们的态度如此真诚，玩具们的气一下子都消了。

霹雳王第一个冲上去，和铠甲勇士握手言和。铠甲勇士顺势把胳膊搭在它的肩膀上，两个人说说笑笑，就像一对好兄弟。

其他的玩具也都冲上去，彼此紧紧相拥，又蹦又跳，它们由衷感到，现在的自己才是真正的强者，因为它们有这么多好朋友！

依诺和马米对视一眼，也都开心地笑了。

依诺小贴士

小伙伴们，殴打、辱骂他人是严重不良行为。首先，殴打他人容易造成人身损害。一旦打伤了别人，不仅要赔偿对方的医疗费、护理费、营养费等，还会受到学校的处分，影响前途。其次，辱骂他人是很不礼貌、缺乏教养的行为，很容易激怒别人，引起故意伤害、自杀等恶性事件。因此，我们应该学会尊重他人，杜绝殴打、辱骂他人的行为。

依诺特别法律讲堂

偷拿快递车内的财物，如何定性呢？

张某伙同他人，多次趁快递员上楼送快递的时候，秘密窃取快递车内的平板电脑、硬盘、香水等物品。案发后，张某将全部盗窃所得财物返还被害人。法院认为，被告人张某以非法占有为目的，多次伙同他人秘密窃取公私财物，数额较大，其行为已构成盗窃罪，判处有期徒刑六个月，罚金 500 元。

盗窃罪，是指以非法占有为目的，秘密窃取公私财物的行为。所谓秘密窃取，是指行为人采取自认为不会被财物所有人、保管人或持有人发觉的非暴力方法，将他人财物据为己有。本案中，张某采用的作案手段，是趁快递员上门送货的机会，将快递车内的财物占为己有。虽然张某的行为并不完全是秘密的，其他人可能会发现张某的行为，但只要张某认为自己并未被快递员发现，就符合秘密窃取的特征。

有的小朋友还有疑问，如果偷的东西数额不大，或者只是偶尔偷一次，会构成盗窃罪吗？根据法律规定，盗窃行为分为两种类型：（1）普通盗窃：以盗窃财物“数额较大”或者“多次”盗窃为程度要件。（2）特殊盗窃：包括入户盗窃、携带凶器盗窃以及扒窃案，构成犯罪不以数额较大或多次为要件，也就是说，只要实施了上述行为，即使盗窃所得财物价值很小，也同样构成盗窃罪。

小伙伴们，我们应当洁身自好，养成良好的行为习惯，做一名守法的公民。

第六集　依诺大罢工

一天，依诺大发牢骚，声称自己得不到应有的尊重，要罢工。

本书的作者得知这个消息后，可急坏了，她急匆匆地赶了过来，“依诺，你在作品里的形象棒极了，不仅知识渊博，还有一身好本领，你不满意什么呢？”

“我有这么强的本领，你却只让我做配角，我不干，我要做主角！”

经依诺这么一说，作者才意识到这个严重的问题。

“你偏心眼！我要罢工！我要罢工！”依诺嘴巴噘得老高，快噘到天上去了。

“千万别！千万别！”作者紧张得咽了口唾沫，用讨好的语气说：“我决定，写一集完全以你为主人公的故事，对马米只字不提，好吗？”

“真的？”

“真的，我保证让你大出风头！”作者信誓旦旦地说。

“好！成交！”依诺把头一点，同意了。

可是，喜欢马米的小读者们又不乐意了，他们挥舞着小拳头，抗议起来：“还我马米！还我马米！”

作者抹了抹汗珠，向小读者们郑重其事地保证：“各位请放心，本集一定好看！”

“我们到底是信她，还是不信啊？”小读者们交头接耳。

趁着这个工夫，作者赶紧把幕布向两边一拉，新的一集上演了！

在我们这颗和平的星球上，始终存在一小撮不安分的坏蛋，他们烧杀抢掠，把坏事都做尽了，小魔鬼冰淇淋就是其中一员。

小魔鬼冰淇淋是一个不折不扣的小坏蛋，他最喜欢吃的东西就是小朋友的灵魂。每吃到一个小朋友的灵魂，他的法力就会增强一倍。最近，他发现一个好办法，就是通过网络游戏、网络色情、网络赌博等不良信息，来吸引小朋友的注意力，然后，隐藏在网络背后的他，就会趁机吸走小朋友的灵魂。小魔鬼冰淇淋以这种方式连连得手，法力变得越来越强。

被他吸走灵魂的小朋友就惨了，他们变得精神恍惚，把学习扔到一边，每天只惦记着网上的那些游戏和不良信息，把老师和家长都急坏了。

小魔鬼冰淇淋的小肚皮则胀得圆鼓鼓的，这天，他迈着八字步，洋洋得意地来到魔镜前，大声问：“魔镜，魔镜，快点儿告诉我，这个世界上最强大的人是谁？”问完这番话后，他拢了拢绿色的长发，对着魔镜绽放出他那露出 102 颗牙齿的笑容。

哪知，魔镜却一点儿也不照顾他的心情，大声回答：“在这个世界上，依诺比你厉害多啦！”

“什么！”小魔鬼冰淇淋瞪起了眼睛，凶得像一个……像一个真正的魔鬼！

“没错，我就是世界上最强大的人！而且我还是这一集的主角，哈哈——”依诺从魔镜里探出头，向小魔鬼冰淇淋扮了个鬼脸。

“哼！我才不信呢！我要和你决斗！”小魔鬼冰淇淋气坏了，把拳头攥得咯咯响。

那么，依诺后来有没有去赴约，与小魔鬼冰淇淋决斗呢？

“我才不会和一个小屁孩一般见识呢！”依诺潇洒地一笑，然后背上行囊出发了。

第二天，很多小朋友都收到了依诺派发的信件，信的内

容是这样的：

亲爱的小伙伴：

你一定很喜欢上网，对吧？但是，如果不能正确使用网络，上网也会有很多害处哦！今天，我就来揭开上网害处的神秘面纱！

第一，网络游戏为了吸引玩家，会设置很多关卡和陷阱，使得游戏者一步步沉迷其中，甚至通宵达旦，废寝忘食。

第二，一些长时间上网的同学，缺乏与身边朋友的交流，人际关系差，性格容易变得孤僻怪异，难以沟通。

第三，网络游戏花销较大，有的网瘾少年为了支付高昂的游戏费用甚至实施盗窃、抢劫等犯罪行为。曾经有一名初中生，为了升级游戏装备，便采取爬窗入室的方式，从一户居民家中盗走现金 5400 元，后被法院判决犯盗窃罪，判处拘役六个月，缓刑六个月，并处罚金 2000 元。

第四，一些网络游戏含有“攻击、战斗、竞争”等暴力成分，长期玩这些游戏，容易使游戏者产生暴力倾向，很多青少年犯下故意伤害、聚众斗殴、寻衅滋事等罪行，都是因为受到了暴力游戏的影响。

第五，长时间上网会导致睡眠不足、视力下降，影响健康。

基于以上这些害处，《未成年人保护法》规定，互联网上网服务营业场所等不适宜未成年人活动场所的经营者，不得允许未成年人进入。《预防未成年人犯罪法》规定，“沉迷网络”属于不良行为。所以，为了自己的健康成长，希望大家自觉遵守法律规定，互相提醒，互相监督，远离网吧，远离不良网站，更不要去那些无证经营的黑网吧！

切记切记！

你的好朋友：依诺

依诺的来信在各所学校掀起了轩然大波，同学们争相传递阅读，还自发组成小组，进行热烈的讨

论。有些同学早就对沉迷网络的危害有所认识，他们由此更加警醒，不仅自己远离网吧、不良网站，还自觉做起了文明上网的宣传员，帮助其他同学认识网络不良信息的危害，并且积极向老师、家长以及110报警中心举报黑网吧。

面对同学们的举动，小魔鬼冰淇淋一点儿也不着急：“依诺，你别得意得太早！我所散布的不良信息充满了诱惑力，我相信，总有一些孩子不会听你的话！”

果然不出他所料，有一部分同学把依诺的话当成了耳边风，依旧我行我素，在网络不良信息中流连忘返。

小魔鬼冰淇淋痛快地吸食着他们的灵魂，法力变得更加强大了。这天，他又一次洋洋自得地站在了魔镜前：“魔镜，魔镜，快点儿告诉我，这个世界上最

强大的人是谁？”

“当然是您啦！您比依诺不知道要厉害多少倍呢！”魔镜一五一十地回答。

“哈哈——哈哈哈——”小魔鬼冰淇淋对魔镜的答案满意极了。

就在这时，他的肚脐眼里飞出了一团又一团的白雾，正是小朋友们的灵魂。

“给我站住，你们要去哪儿？”小魔鬼冰淇淋急了，张牙舞爪地扑来扑去。

可是，灵魂们哪肯再被他抓住，它们飞快地穿过墙壁，径直向自己的小主人飞去。

原来，在大家的共同努力下，一家家违法接纳未成年人的网吧受到了法律的严惩，一间间无证经营的黑网吧被取缔查处，一台台家庭电脑被安装上安全软件，一对对父母回到孩子身边，给予他们更多的关爱。那些执迷不悟的同学逐渐远离了小魔鬼冰淇淋的侵害，回归到正常的生活中。

于是，那些曾经被小魔鬼冰淇淋吃掉的灵魂，听到主人的召唤，都蜂拥着从他的肚子里钻了出来，回到主人的身上。

顿时，这些同学像变了个人似的，他们的眼神重新明亮清澈起来，他们听见了清脆的鸟鸣，闻到了迷人的花香，看见了多姿多彩的世界，他们真后悔以前那段浑浑噩噩的日子，他们下定了决心，今后要加倍努力，迎着阳光起航，乘着梦想高飞！

“哎哟，饿死啦！”小魔鬼冰淇淋的肚子一天天干瘪下去，再也没有力气和依诺决斗了。

依诺不战自胜！

一转眼，时间来到了四百年后。

一位漂亮的女老师带领学生们参观古文物博物馆。博物馆里有趣的东西真多，有做工精致的陶器，有结构复杂的墓葬模型，还有各式各样的军事装备，让人目不暇接。

“老师，这是什么东西呀？”一名学生指着一块大石头问，只见大石头上坐着一只干巴巴的小怪物，他用手捂着干瘪的肚子，愁眉不展。

“这个呀，是小魔鬼冰淇淋化石。”漂亮老师回答。

“谁是小魔鬼冰淇淋呀？”学生们又问。

“他呀，是一个顶坏顶坏的小魔头，专门躲在不良网站的背后，吸食小朋友的灵魂！”

“哇，他可真坏！”学生们对着小魔鬼冰淇淋化石直吐舌头。

“不过，幸亏当年有大英雄依诺！”漂亮老师把依诺的义举讲给大家听。

学生们都听入迷了，对依诺赞不绝口。

“还不止这些呢，当年，那些同学远离了网络不良信息后，把业余时间都用在了学习知识、锻炼身体、参加活动上，因此，还成就了很多了不起的大人物呢！”

“依诺真棒！”学生们情不自禁地鼓起掌来。

看完这一集后，依诺不停地用手擦拭眼角，看样子，他被自己的事迹深深感动了呢！

依诺小贴士

小伙伴们，你知道我们未成年人不适宜进入哪些场所吗？《未成年人保护法》第五十八条规定，学校、幼儿园周边不得设置营业性娱乐场所、酒吧、互联网上网服务营业场所等不适宜未成年人活动的场所。营业性歌舞娱乐场所、酒吧、互联网上网服务营业场所等不适宜未成年人活动场所的经营者，不得允许未成年人进入；游艺娱乐场所设置的电子游戏设备，除国家法定节假日外，不得向未成年人提供。经营者应当在显著位置设置未成年人禁入、限入标志；对难以判明是否是未成年人的，应当要求其出示身份证件。

依诺特别法律讲堂

生命只有一次

当前，很多青少年喜欢玩“重口味”的网络游戏，这些游戏特别恐怖、特别血腥，玩耍者要不停地“屠杀”才能提升游戏级别，画面中常常是鲜血喷涌，尸体横陈。长期玩这种游戏，这些暴力的东西很容易占据未成年人的心灵，使他们漠视生命的价值，忽视生命的脆弱。

某市发生过这样一起案件，十六岁的少年胡某原本是一名品学兼优的好少年，如果好好学习，将会成为一个很有出息的人。然而，自从染上网瘾后，胡某的学习成绩急剧下降，整个人也变了样。一天，胡某在网吧玩一种用刀捅人的暴力游戏，由于技术欠佳，胡某每次都被别人“捅到”，坐在胡某旁边的一名少年也在玩这个游戏，他忍不住对胡某冷嘲热讽。在网络上“杀”红了眼的胡某当即火冒三丈，抽出随身携带的半尺长尖刀，捅向被害人的胸口，导致被害人当场死亡。事后，胡某坦白说，自己本来只是想教训一下对方，并没有想杀人。但是，暴力游戏让他混淆了现实与虚拟世界，以致酿成大错。

毋庸置疑，胡某触犯了《刑法》，构成了犯罪。他所实施的犯罪叫作故意杀人罪，是指故意非法剥夺他人生命的行为。《刑法》第二百三十二条规定，故意杀人的，处死刑、无期徒刑或者十年以上有期徒刑；情节较轻的，处三年以上十年以下有期徒刑。

小伙伴们，每个人的生命只有一次，为了自己和家人的幸福，请自觉远离暴力网络游戏。

第七集　复活的爸爸

天天是马米的同班同学，他原本是一个活泼开朗的男孩子，可是，自从去年他的爸爸去世后，天天就变得不爱说话了。天天的妈妈没有工作，因为失去了重要的经济来源，天天和妈妈的生活陷入了困境。

马米非常同情天天的遭遇，常常偷着往他的书包里塞一些糖果、饼干之类的小零食，马米真希望天天能够早日振作起来，像以前一样快乐。可是，最近马米发现天天有些不大对劲儿，他的家庭作业经常写不完，还总是在上课的时候睡大觉。有一次，老师问同学们长大后的理想是什么，天天的回答居然是——赌神。

马米越发觉得天天行为怪异，他和依诺决定要将背后的原因查个水落石出。

这天晚上，天天的妈妈和几个大人在家里打麻将，天天蹲在麻将桌旁，摆弄着手中的玩具。

天天妈妈今天好像手气特别好，每次都是她最先把面前的一行麻将牌推倒，喜笑颜开地吆喝着：“哈哈——我又赢了！拿钱拿钱！”

另外几个人则是不住地晃着脑袋叹气。

经过几个回合，天天妈妈的钱包胀得鼓鼓的，都快被撑破了。

在天天家的墙壁上，有一张天天爸爸的照片，此时，马米变成了火柴棍般大的小人，和依诺一起藏身在相框后面，居高临下地俯视房间内的情形。

“怪不得天天想当赌神，原来他的妈妈就是赌神呀！你瞧瞧，她多厉害，都没输过！”马米小声感叹着。

“别天真啦，这个世界上哪有什么赌神啊！如果一个人在赌博中是常胜将军，那他准是做了手脚！”依诺撇撇嘴。

“不会吧！”马米觉得依诺说得太绝对了，这个世界上不是还有“运气”两个字嘛。

“你仔细看看天天在干什么。”依诺提醒他。

“天天？他不是在玩玩具吗？”马米将目光投向天天，这一看，马米果然发现了一丝端倪，只见天天的眼神鬼鬼祟祟的，像在偷看什么，马米又仔细地盯了他一会儿，居然有了相当重大的发现！原来，天天看起来好像在玩玩具，可是，他总是装作漫不经心的样子，去偷看其他几个人的牌，然后就用固定的动作来暗示妈妈，比方说用一根手指揉鼻子是一万，打喷嚏是红中，五根手指捂嘴笑是五饼，两根手指挠头是二条。

“他们这不是在骗人嘛！”马米觉得天天母子这么做不对。

“其实，大多数的赌博都是一场骗局，‘逢赌有诈’说的就是这个道理，所以，不明真相的人从进入赌场的那一刻起就已经输了。”依诺一语道破天机。

“怪不得那么多人因为赌博而倾家荡产，原来不是他们运气差，而是中了别人的圈套！”马米若有所思，不过，他忽然想起一件事：“有些游戏厅里有可以赢钱币的游戏机，那些机器又不会耍什么花招，应该不会有骗局吧？”

“你怎么那么死心眼呀，机器还不是人控制的！老板早就把顾客的心理摸清楚了，他们事先就在机器里设了赔率，想让你赢你就赢，想让你输你就输！一开始他会让你先赢几次，尝尝甜头，等你一旦上了钩，他就开始让你输。很多人还以为是自己的运气不好，一心想着翻本，结果却是越赌越输，越输越赌，最后把辛辛苦苦挣的血汗钱乃至身家性命都赔了进去。”

“哦！原来是这么回事呀！”马米恍然大悟，他在心里暗暗咒骂那些设赌局的人可恶。此时，看着那几位上当受骗的人还被蒙在鼓里，马米决定给天天母子一点儿苦头尝尝！于是，他摇身一变，变成了一只小蚊子，哧溜一下，钻进了天天的鼻孔。

“阿嚏——”天天情不自禁地打了个喷嚏。

天天妈妈还以为天天是在提醒自己呢，忙打出了相应的麻将牌。

这下糟了，妈妈出的牌正中他人下怀。一场惨败。

紧接着，马米又变成毛毛虫，在天天的腋窝下爬，痒得他不住地大笑。妈妈又误以为儿子是在暗示自己，结果，又输了个一塌糊涂。

接连输了几次之后，妈妈发现儿子这个“眼线”出了问题，便以身体不舒服为由，提前结束了“战斗”。

大家走后，房间内一下子变得冷冷清清的。妈妈怒气冲冲地拍了一下桌子，对着天天训斥道：“你怎么搞的，存心捣乱是不是？”

“妈妈，我不是故意的！”天天挺委屈。

“天天，妈妈这么辛苦养你容易吗！今天你害妈妈输了那

么多钱，连生活费都没了，看我不打死你，让你以后还敢捣乱！”妈妈越说越气，索性从墙角拿起一把扫帚，就要过来打天天。

“妈妈，我真的不是故意的，你别打我！”天天急得眼泪都要流出来了。

马米没想到自己的小伎俩会害得天天挨打，心里挺不好受，他抬头看了一眼墙上天天爸爸的照片，忽然有了主意。

妈妈的扫帚已经举了起来，眼看着就要落到天天的身上，就在这时，不知从哪里伸出了一只大手，紧紧地握住了扫帚柄。

妈妈赶紧转回头，这一看，吓得她一屁股坐在地上，头皮发麻。

天天咬紧牙关，还等着挨揍呢，没想到扫帚迟迟都没有落下，他回头一看，发现逝去的“爸爸”正握着扫帚柄站在自己身后！

“爸爸，你不是死了吗？”天天摸了摸“爸爸”的脸颊，感觉像是在做梦。

“嗯，这个……”“爸爸”转了转眼珠，说，“爸爸没有死，爸爸呀，是去了天上！”

妈妈慢慢缓过神来，不那么害怕了，此时，看见“爸爸”活生生地站在自己面前，她情不自禁地哭诉起来：“孩子爸爸，呜——自从你走以后，我们母子俩的日子不好过呀！呜——”

“爸爸”点点头说：“这个我知道，可是，日子再难你也不能带着孩子赌博呀！”

“爸爸，你放心吧，我和妈妈联合起来，可以赢遍天下无敌手！”天天的语气里满是自豪。

“爸爸”收起了笑容：“再高明的赌术也有被拆穿的时候，今天你们不就输得很惨吗？”

天天被问得哑口无言，妈妈接过话茬儿，继续哭诉道：“可是，我和天天要生活下去，我们需要钱呀！”

“爸爸”急得直拍大腿：“缺钱就更不能赌博了！你没听说过‘十赌九输’‘久赌必输’这些老话吗？赌博绝不会让人发财转运，只会让人自毁人生！而且，对于青少年来说，赌博是违法犯罪的重要诱因！曾经有一名中学生小王，因为赌博欠下了 8 万元赌债。追债人时不时在校门口蹲守，威胁他还钱，否则就要收拾他。小王每天都生活在恐惧中，烦恼不已。后来，在情急之下，小王来到舅妈家，用刀威胁舅妈给他钱，还刺伤了舅妈。随后，小王又刺伤了年仅三岁的小表妹。就这样，小王因为赌博成了罪犯。孩子妈妈，难道你想让天天和他一样吗？”

妈妈止住了哭声，吃惊地看着“爸爸”：“你没吓唬我吧？”

“爸爸”调皮地眯缝起眼睛：“要不你让天天试试？”

妈妈立刻把头摇得像拨浪鼓似的：“不不不！以前我不知道赌博的危害，现在我既然知道了，就绝对不会再让天天参与赌博！天天，你也向爸爸做个保证！”

天天学着“爸爸”的样子，也调皮地眯缝起眼

睛：“不过，我有个条件，你既然从天上来，就一定会飞！你要答应我，带我到天上飞一圈才行！”

“这个还不简单！”“爸爸”使劲晃了晃肩膀，几秒钟后，一对洁白的翅膀从他的后背长了出来。

天天和妈妈简直都要看呆了！

“爸爸”弯下腰，冲着天天使了个眼色。

天天心领神会，一个蹦高，蹿上了“爸爸”的后背。

“爸爸”扑扇了几下翅膀，带着天天离地而起，顺着打开的窗户飞向繁星点点的夜空。

从那天以后，天天变得活泼开朗了，每天的作业都写得很工整，而且上课时再也不打瞌睡了。

这天，杨老师问同学们的理想是什么，天天

把手举得高高的，大声说：“我爸爸告诉我，男儿当自强！所以，我要努力学习真本事，争取长大以后让妈妈过上幸福的生活，这就是我的理想！”

全班同学都使劲儿地为他鼓掌。

马米把手都拍红了。

依诺小贴士

小伙伴们，凡以财物作赌注比输赢的活动，都是赌博。赌博是一种违法犯罪行为，《刑法》第三百零三条规定，以营利为目的，聚众赌博或者以赌博为业的，犯赌博罪。未成年人赌博，不仅会影响学习，而且为了翻本，很可能大量举债，进而引发盗窃、抢劫等更严重的错误。因此，为了自身的健康成长，请自觉远离赌博。

依诺特别法律讲堂

为玩游戏机而抢钱违法吗？

某市曾经发生过这样一起案例，高中生小强迷上了具有赌博性质的游戏机，玩了几次之后，小强的零花钱输了个精光，可是，他并不甘心就此罢手，总是盘算着到哪里去“弄”点儿钱，再去游戏机店把输掉的钱赢回来。一天放学途中，他尾随低年级同学小杰，趁小杰走到角落，便把小杰推搡摁倒在地，搜刮了小杰全身上下的财物，其中包括小杰家长给配的新手机。事后，小杰的父母报了警。当天晚上，小强在游戏机店里被警方抓获。法院经过审理，认定小强构成抢劫罪，对他判处了有期徒刑和罚金。

根据《刑法》第二百六十三条的规定，抢劫罪，是指以暴力、胁迫或者其他方法抢劫公私财物的行为。构成抢劫罪，必须以非法占有为目的，也就是说想把别人的东西占为己有，如案例中的小强就是想要占有小杰的财物。抢劫还要伴随使用了暴力、胁迫或者其他方法迫使受害人交出财物。这里的“暴力”是指直接对被害人的身体实行打击或者强制，“胁迫”是指对被害人以立即实施暴力相威胁，实行精神强制，让被害人感到恐惧而不敢反抗，如小强在抢小杰钱财时说：“你快把钱交给我，不然我就打死你！”至于“其他方法”就包括很多行为了，其作用对象都是被害人的人身，只要使被害人不知反抗或者反抗能力受到一定限制即可，如用酒灌醉、用药物麻醉等。

要注意的是，抢劫罪是一种严重危及公民人身权益和财产权益的暴力犯罪，社会危害性极大，因此抢劫罪对财物没有数额限制，只要抢了财物，无论价值大小，一律构成抢劫罪，要承担相应的刑事责任。

第八集 小美人鱼琪琪

琪琪是一条生活在海洋里的小美人鱼，是个酷酷的很有个性的小女生。她把刘海留得很长，把眼睛都遮住了。她把十只指甲涂得黑漆漆的，就像坏心眼的小巫婆。她喜欢在夜深人静的时候高歌一曲，最好是搅得四邻不安、鸡犬不宁，那才叫过瘾。

为此，爸爸妈妈没少批评琪琪，诸如“小孩子要有小孩子的样子啦”“要好好学习以后才有好工作啦”。每次琪琪听到这些话，都是一副很不耐烦的样子，她觉得爸爸妈妈的观念太老土了，更重要的是，他们根本就不了解自己。琪琪渴望逃离父母的束缚，去过自由自在的生活。

这天的地理课上，老师向同学们讲述了人类世界的样子，琪琪简直听入迷了。下课后，她趁着老师和同学们不注意，悄悄离开学校，只身向人类世界游去。

海水渐渐变浅了，水色也渐渐变亮了。琪琪把头探出水面，睁大眼睛一看，只见近处是黄澄澄的沙滩，随风摇曳的椰树，远处是鳞次栉比的高楼，穿梭往来的汽车……

琪琪迫不及待地游上岸，变成人类小女孩的模样，她撒开双腿尽情地跑呀跳呀，快活得要飞起来了。

琪琪来到了一个广场上，只见各式各样的风筝迎风飘舞，带劲儿极了。琪琪会

一点儿魔法，她搓了搓双手，想变出一只风筝。

突然，一阵大雨从天而降。琪琪有个最大的弱点，就是身体一旦碰到水，就会变回原形，而且魔法也会失灵。广场上一个可以避雨的地方都没有，琪琪急得六神无主。

放学回家的马米途经这里，他看见被淋得像落汤鸡一样的琪琪，赶忙跑过来，把伞遮到了她的头上。就在这一刻，他发现琪琪的两条腿竟在一瞬间变成了又大又长的金色鱼尾！

琪琪觉得马米心肠好，便向他吐露了实情。

马米惊讶得半晌说不出话，他原来还以为美人鱼只有在童话故事里才会出现呢。

幸好，雨下了一会儿就停了。琪琪掏出小手帕，小心翼翼地擦干身上的雨水，转瞬间，鱼尾又重新变成了小女孩的双腿。

“我们一起玩吧！”琪琪施展魔法，变出一只漂亮的蜈蚣风筝。

马米高兴地点点头，又使劲儿地摇摇头，“不行不行，现在天都快黑了，而且我还有很多作业要写呢，我得赶紧回家了，你也快点回去吧！”

琪琪噘起嘴巴，一副很扫兴的样子：“那你快回去做你的乖宝宝吧，我才不要回家呢，好不容易出来玩一次，一定要玩个够！”

依诺着急了，他站在马米头顶劝说道：“琪琪，无故夜不归宿属于不良行为，很多违法犯罪的青少年走上犯罪道路，都是从逃学、夜不归宿开始的，你还是快点儿回家吧！”

“哼！你们的臭规矩真多，我才不要听呢！”琪琪拖着大大的蜈蚣风筝，一蹦一跳地跑开了。

望着琪琪的背影，马米和依诺都有种不祥的预感。

琪琪把风筝放飞到空中，扯着线轴兴高采烈地跑来跑去，还时不时地施展魔法，让蜈蚣风筝做出一些很搞怪的动作。

“小同学，你放风筝的技术真高呀！”

“就是就是，如果去参加比赛，准拿第一！”

在一旁围观的两名男青年不住地夸奖琪琪。

琪琪得意极了，故意松开更多的线，让风筝飞得更高更远。

“小同学，我们都是风筝爱好者，我叫阿虎，他叫阿熊，你实在太厉害了，我们能有幸请你吃顿饭吗？”阿虎谄媚地问。

琪琪心里喜滋滋的，没想到自己刚到人类世界的第一天就交上了好朋友，而且说实话，她的肚子还真的有些饿了。于是，琪琪愉快地答应了他们。

当三人从餐厅出来时，天已经完全黑了，路上的行人也寥寥无几。

“琪琪，现在我们都是好朋友了，大哥哥想请你帮个忙，好吗？”阿虎问。

“没问题。”琪琪觉得两位新朋友对自己很好，帮点儿小忙是应该的。

阿虎、阿熊一阵窃喜，他们带着琪琪来到一家珠宝店，只见柜台里摆放着光芒夺目的珠宝，每一件都价值不菲。

阿虎弯下腰，贴在琪琪的耳边小声说："琪琪，一会儿我和阿熊假装挑选珠宝，你趁店员不注意的时候，悄悄偷几件出来怎么样？"

"什么，你让我偷东西？"琪琪大吃一惊。

原来，阿虎和阿熊在路过广场时，无意中听到了琪琪和马米的对话，得知琪琪是一条离家出走的小美人鱼，便打起了坏主意。

"嘿嘿，琪琪，只要你动动手指头，那些珠宝就是我们的啦，你看那串珍珠项链，多漂亮呀，如果戴在你的脖子上，你一定会比公主还要光彩照人！"阿熊奉承道。

琪琪情不自禁地咽了下口水，她还从没见过这么漂亮的珍珠项链呢。

"琪琪，大哥哥为了请你吃饭，把最后的一点儿积蓄都花光了，你可不能不讲义气，连这点儿小忙都不帮呀！”阿虎旁敲侧击。

“可是，这是偷呀！”琪琪很为难。

“你这个孩子怎么这么不懂事呀，大哥哥对你这么好，你连这点儿忙都不愿意帮，算什么朋友！真是的！”阿熊做出很生气的样子。

琪琪被说得满脸通红，可是，她不想做违法的事情。

阿虎见这一招不行，眼神里凶光毕露，他拧开水瓶的盖子，举到琪琪的头顶，威胁说：“小美人鱼，只要你乖乖听话，我保你没事！否则，我们就把你的身份公之于众，让你一辈子都被关在动物园里！”

琪琪这才看清阿虎、阿熊的真面目，原来他们对自己好，并不是因为自己多么与众不同，而是想把自己当成他们的摇钱树。琪琪真后悔没听马米和依诺的话，她现在才明白，不遵守规矩，最终吃亏的是自己。

“快走，别磨磨蹭蹭的！”阿虎举着水瓶催促。

琪琪只好跟着二人走进了珠宝店。

“麻烦给我看看这个，还有这个，还有这个！”阿熊佯装挑选起珠宝，把店员指使得手忙脚乱。

“琪琪，你是不是渴了？”阿虎给琪琪使了个眼色，还有意扬了扬手中的水瓶。

琪琪只好无奈地伸出小手，委屈得快要流出泪来。

“琪琪，快住手，不能偷东西！”

琪琪回头一看，只见一只小花猫蹿上了阿虎的肩膀，冷不防地夺下了他手中的水瓶。

琪琪破涕为笑，现在，她再也不用怕他们了。

阿虎着急了，伸手就去抢水瓶。

小花猫机灵得很，非但没让阿虎得手，还反过来在他的手臂上狠狠地咬了一口。

“哎哟！”阿虎痛得直跳脚。

几名正在巡逻的警察闻声赶来。

阿虎和阿熊唯恐事情败露，丢下琪琪拔腿就跑。

“哼！你们别想这么容易就溜掉！”琪琪暗中

施了个魔法。

阿虎和阿熊像游戏机里被操纵的小人似的，乖乖从远处跑了回来，抢着说："警察叔叔，我们俩是小偷，刚才要不是被猫咬了一口，我们就得手了！"阿虎和阿熊说完这番话，后悔得直抽自己的耳光。

"跟我们到派出所走一趟吧！"警察将冰冷的手铐铐在了他们的手腕上。

阿虎和阿熊彻底傻眼了，他们现在能想到的只有一句话，那就是"多行不义必自毙"。

警察把两个大坏蛋押走了。小花猫摇身一变，变成了马米。

"原来是你！"琪琪不好意思地低下了头，"以前我总是觉得爸爸妈妈太啰嗦了，现在才知道，他们批评我、管教我是对我的关心，他们是为我好！"说到这儿，琪琪的声音突然哽咽起来，在这一瞬间，她真恨不得立刻就扑到爸爸妈妈温暖的怀抱中，只有在他们身边，自己才是被珍爱的小公主！

“走，我这就送你回家！”马米变成了一台水陆两用的汽车。

琪琪留恋地看了一眼人类世界的璀璨夜色，但是她知道，在海洋的深处，有一盏灯永远燃烧着爱的火焰，那才是真正属于她的港湾。

依诺小贴士

小伙伴们，每个人生活在社会中，都必须承担相应的责任，不迟到、不早退、不旷课、不晚回家，是对每一名在校学生的基本要求。未成年人旷课、逃学、无故夜不归宿、离家出走，一方面可能会沾染上其他不良行为，另一方面由于脱离了家长和学校的监管，很容易受到不法分子的拉拢、引诱甚至侵害。对此，大家一定要严格约束自己，做一名按时上学、准时回家的好少年。

依诺特别法律讲堂

马米：依诺，其实，琪琪的经历并不是一个特例，在我的身边，也有很多同龄人动过离家出走的念头。

依诺：哦？他们为什么要离家出走呢？

马米：有的同学是因为迷恋网络游戏，不愿意回家。有的同学是和父母闹别扭，一气之下就想到了离家出走。还有些同学觉得学习压力大，厌倦平淡无奇的家庭生活和学校生活，从而想离开家门，投身于他们想象中的江湖。

依诺：不得不说，这些同学的想法有些幼稚，离家出走就像背着火药跳火堆一样，很多危险是未成年人无法料到的。曾经有一名十一岁的小姑娘小梅，因为考试没考好不敢回家。小梅来到火车站，准备去外地躲一阵子，一名中年男子看见她孤身一人，便故意和她套近乎，路上也给了她很多关照。

小梅还以为自己遇到了好人，她哪里想到，下车后这名男子便把她拐卖到了小山村。一转眼，五年过去了，小梅的妈妈因为找不到女儿，精神失常了。又过了两年，已经十八岁的小梅才被民警解救出来，她为离家出走的行为付出了惨重的代价。

马米：唉，听起来真让人感到难过。

依诺：还有一名叫小李的男孩，因为父母管教不严，小小年纪就学会了抽烟、喝酒，还经常逃学旷课，和一些不三不四的人在一起。小李的爸爸发现儿子的不良行为后，气得狠狠地批评了他。可小李不但听不进父亲的教诲，反而“委屈”得离家出走。小李混迹在社会上，没有经济来源，便整天琢磨着偷东西。四年后，他因为犯盗窃罪被关进了四面都是高墙铁网的监牢。

马米：又是一出人间悲剧。

依诺：人们常说，“在家千日好，出门一时难”。离家出走的未成年人中，有被拐卖的，有被残害的，有乞讨的，还有走上犯罪道路的。所以，无论如何，家才是我们最温馨的港湾，即使爸爸妈妈斥责你也是为你好，你是不该离开这个家的。

马米：没错，为了自身的安全，请大家千万不要离家出走，否则，最后受伤害的是最爱我们的爸爸妈妈和我们自己。

第九集 野人之谜

暑假到了，马米到乡下奶奶家去玩。刚到奶奶家这天，村子里就发生了一件不寻常的怪事。

这天早晨，天刚蒙蒙亮，村民王五就上山去采药草。爬到半山腰时，王五看见密林深处有一个黑影在晃动，他以为是同村的村民，便向对方喊了一声。奇怪的是，黑影不但没有应答，反而迅速地一闪而过，钻进了茂密的灌木丛中，很快就消失了踪迹。

王五的心都快从嗓子眼儿里蹦出来了，这个黑影，到底是什么？如果是人，他干嘛要跑呢？而如果是动物，为什么它的外形和人特别像，还能用两条腿走路呢？难不成，自己遇到了传说中的野人？王五思来想去，越想越害怕，越想越觉得不对劲儿，他再也没有心思采药草了，连滚带爬地就往村里跑。

接下来的几天，接连有村民在山上看见这个神秘的黑影，这些目击者都说黑影体型比猴子要大，又比熊要小，也不像是野生动物！

那么，黑影究竟是什么？难道真的是野人吗？一时间，这片寂静的山林成了村民们谈之色变的地方。

马米和依诺也觉得这件事蹊跷可疑，为了解开谜团，两人决定：去山中，揭开野人的真面目！

山林内一片死寂，偶尔有几声低低的鸟鸣，更增添了几分神秘感。马米的心里有点儿发毛，如果不是依诺在身边，恐怕他就要打退堂鼓了。

马米变身成一只不起眼的小野狗，四脚并用，沿着崎岖的山路向前行进。走到半山腰的时候，依诺突然发现不远处的石头旁有一颗被咬过的野果，上面还清晰地留有人类牙齿的痕迹。

两人不禁一阵激动，要知道，最近村民们因为害怕野人，都不敢上山了，那么，如果不出意外，这颗野果应该是野人留下的！

马米赶紧把鼻子凑上去，狗灵敏的嗅觉让他闻出了野果主人的气味，他不停地抽着鼻子，努力循着气味往前走。

就在走出大约十米远的时候，突然他们听见有人小声喊道："小狗，过来！过来！"

马米顺着声音传来的方向一瞧，不禁一阵心跳加速，只见大树后面的杂草丛中露出了一个小脑袋。

马米站在原地，不敢轻举妄动。

那人拨开杂草，从树后走出来，露出了整个身子。

这就是大家所说的野人吗？马米目不转睛地看着那人，只见那人浑身上下脏兮兮的，头发像鸟窝似的乱成一团，身上虽然穿着衣服，却早已破烂不堪。

这时，"野人"往前走了几步，把一颗野果递到马米面前："小狗，你愿意陪我玩吗？我可以给你摘果子吃！”

马米鼓起勇气，摇摇尾巴，做出一副很友好的样子。

“野人”轻轻摸了摸马米的头，嘴角露出一丝笑意。

马米这才发现，“野人”的笑容单纯青涩，眼睛清澈明亮，看样子比自己年纪大不了多少。马米不再那么害怕了，他忍不住好奇地问：“小哥哥，你是谁？为什么一个人住在林子里呢？”

男孩听见有人说话，慌忙向后跑去，躲到刚才的那棵大树后面。过了一小会儿，当确定周围并没有人时，他又小心翼翼地把头从树后探了出来。

“别害怕，是我在说话。”马米举起右手，不，应该说是右爪，朝他挥了挥。

“你会说话？”男孩惊讶得下巴都要掉到地上去了。

看着对方目瞪口呆的样子，马米挺得意：“没错！我是一只很特别的狗狗。”

“我是不是一个人待久了，出现幻觉了？”男孩使劲扇了自己一个耳光。

依诺看到这一幕，乐得腮帮子都疼。

当男孩确定自己不是出现幻觉了，而是面前的“小狗”真的会说话时，不禁又惊又喜，他把“小狗”当成了倾诉的对象，毫不隐瞒地讲述起自己的遭遇。

原来，这个男孩叫刘闯，是个地地道道的武侠小说迷，他经常和同学们一起模仿武打动作对打，还自封名号为“逍遥剑侠”。在刘闯过十四周岁生日时，舅舅送给他一把精美的弹簧刀，刘闯如获至宝，无论走到哪里都把它带在身上，没事就拿出来玩。

爸爸妈妈怕刘闯闯祸，不止一次跟他说别把刀往学校带，刘闯却对他们说：“现在社会上不安全，带着刀可以防身！”爸爸妈妈觉得儿子的话也有一定的道理，再加上工作忙，渐渐地，就把这件事忘到了一边。

可是，一次班级大扫除的时候，同学王淼将水泼到了刘闯的鞋面上，刘闯以为王淼是故意的，便与王淼起了争执，还动手打了起来。王淼长得人高马大，刘闯担心自己不是他的对手，情急之下，便拿出弹簧刀，想吓唬王淼一下。

王淼误以为刘闯要伤害自己，忙上前夺刀，两人争来争去，刘闯一时冲动，用弹簧刀扎向王淼。刀扎进了王淼的胸膛，他顿时血流如注，瘫倒在地上。

刘闯一看事情闹大了，吓得掉头就跑，他家也不敢回，漫无目的地东躲西藏，最后，一直逃到了人迹罕至的深山里。

至此，野人之谜已经真相大白，不过结果完

全超乎马米和依诺的想象，他们为刘闯的经历唏嘘不已。

“我真后悔当初没听爸爸妈妈的话！如果是那样的话，我现在就不用躲躲闪闪地过日子，也不会整天做噩梦，梦见警察拿着枪来抓我了！每时每刻，我的心里都像有块石头压着，压得我喘不过气来！”刘闯痛哭流涕。

“那你应该快点儿回去自首呀！总这样躲也不是办法呀！”马米同情地看着他。

“你是一只小狗，不了解我们人类的规矩，我犯了大罪，一旦被警察抓到了，会被判处死刑的！我还小，我不想死！”

这回可到了依诺大显身手的时候了，他藏身在马米脖颈后的长毛里，模仿马米的语气说：“你别小看我，人类的法律我比你

要了解得多呢！在中国，死刑只适用于罪行极其严重的犯罪分子，对于犯罪的时候不满十八周岁的人，不适用死刑。”

刘闯顿时眼前一亮，“你说的是真的吗？”

马米又一次得意地翘起尾巴：“那当然！我都说过了，我是一只很特别的狗狗！”

“可是，我要怎么去自首呢？”刘闯急切地问。

“只要你主动到公安机关，向警察叔叔如实供述自己的罪行，就可以算自首！根据法律规定，自首还可以获得从轻或者减轻处罚呢！”

刘闯抱着马米使劲儿亲了一大口：“小狗，你简直就是神狗下凡，要是早知道这些的话，我就不躲了！我这就去自首，争取得到宽大处理！”说完，他急不可待地迈开大步，猛地向山下冲去。

几个月后，刘闯的案子在法院开庭了，法院认为，刘闯已年满十四周岁，应当对故意伤害致人重伤的行为负刑事责任，但考虑到刘闯属于自首，认罪态度较好，并仍属未成年人，因此应当从轻处罚，法院最后认定刘闯犯故意伤害罪，判处有期徒刑三年四个月。

听到判决结果后，刘闯和王森的父母都失声痛哭，一把小刀不仅毁掉了两名少年花一样的青春年华，也让两个家庭的幸福从此沦为泡影。

马米和依诺得知这个消息时，眼睛都湿润了，他们不知道自己该为刘闯感到高兴还是难过。

依诺小贴士

小伙伴们，有句话叫“刀剑无眼”，就是说刀子没有眼睛，不知道会砍到哪里，十分危险。为此，国家将匕首、三棱刀、弹簧刀等列为管制刀具，并规定我们不能随身携带这些属于管制范围的刀具。未成年人的父母或者其他监护人以及学校发现未成年人携带管制刀具的，应予以没收，交给公安机关处理。

依诺特别法律讲堂

别让自己的双手沾满鲜血——故意伤害罪

有时候我们会因一时气愤，做出后悔莫及的事，刘闯和王淼因为一件小事而引发惨案就是一个例子，造成的遗憾再也无法弥补，刘闯除了心理上的愧疚与懊悔外，还要承担刑事责任。

故意伤害罪是故意非法损害他人身体健康的行为，侵害的是他人的身体健康。故意伤害罪要求行为人有伤害他人的故意，即明知自己的行为会造成他人身体健康损害的后果，并且希望或者放任后果的发生。伤害行为造成他人轻伤以上的结果就可以构成故意伤害罪。不过，只有非法行为才会构成故意伤害罪，比如，在拳击比赛中，有的选手被对手击中导致鼻骨骨折断裂，但是这种行为是正常的竞技行为，是合法的，所以不构成故意伤害罪。

《刑法》在认定故意伤害罪的同时，会考虑被害人的受伤程度，决定施加伤害的人要付出怎样的代价。比如，有时我们会听到一些人故意以残忍的手段，去伤害别人的身体，像是用硫酸泼向被害人脸部，或是将被害人的脚趾剁掉，这样所造成的伤害无法弥补，给被害人带来一辈子的痛苦，对于这些凶手，《刑法》会给予严厉的制裁。《刑法》第二百三十四条规定，故意伤害他人身体致人重伤的，处三年以上十年以下有期徒刑；致人死亡或者以特别残忍手段致人重伤造成严重残疾的，处十年以上有期徒刑、无期徒刑或者死刑。

小伙伴们，法律的主要目的，在于保障人民的人身安全免受他人危害，至于处罚，无论轻重，都只是事后的处罚，并不能挽回错误。所以我们应该时时提高警惕，不要因一时冲动而伤害别人，触犯法律，造成害人害己的结果。

第十集　我的神秘网友

周末，马米写完作业，在家里待不住了，他变成一只蝴蝶，载着依诺，翩翩飞出窗外。

外面艳阳高照，马米和依诺东游游西逛逛，好不惬意。两人经过小律家时，看见窗子正巧开着，便悄悄飞了进去。

小律正在打电话。

“钢琴王子，你说想和我见面？……在樱花公园门口？……好，那半个小时后我们不见不散！”

马米对这位“钢琴王子”早就有所耳闻，他是小律在网上结识的网友，据说十岁的时候就过了钢琴十级。此时，听到小律说要去见他，马米觉得自己讨了个没趣，拍拍翅膀，准备飞出窗外。

“马米，我们不能走！”依诺叫住了他，“万一那个网友是坏蛋，小律就危险了！”

“怎么会？人家是钢琴王子！”马米觉得依诺疑心病太重。

“网络是一个虚拟世界，男的可以假扮成女的，老爷爷可以装成大姑娘，谁知道对方究竟是什么人呀！”

经依诺这样一说，马米才意识到事情的严重性，他小眼珠一转，计上心头。

想到马上就要见到才华横溢的“钢琴王子”了，小律的心里满是朦胧的期待。

哪知，就在这时，一把椅子竟像长了脚似的，“扑通扑通”地朝她蹦了过来。紧接着，房间内的另外几把椅子和大沙发也一个接一个地蹦了过来，把通往门口的路堵得死死的。

小律就像瞬间被施了魔咒，整个人从头到脚都僵硬了，嘴巴也不可思议地张得老大老大……

不用说你也知道，这一切都是马米和依诺干

的好事。趁着小律发呆的空儿，马米抢在她的前面，载着依诺径直朝樱花公园飞去。快到公园门口时，马米找了个没人的地方，变成了小律的样子。

“钢琴王子”早已和小律在网上互传过照片，此时，他已经急不可待地守候在樱花公园门口了，一见到“小律”，立刻笑着迎了上去：“小律，你好！我是钢琴王子，你叫我小文就好了！”

马米上上下下地把小文打量了一番，只见他年纪大约十六七岁，皮肤白皙，相貌清秀，看起来文质彬彬的。

依诺好像猜出了马米的心思，在他耳朵里叮嘱道：“你们中国有两句经典的古话，一句叫‘人不可貌相’，一句叫‘小心驶得万年船’！”

马米觉得依诺的话不无道理，他决定考考小文，“你最喜欢的钢琴家是谁呀？”

小文“吭哧”了半天：“是贝克汉姆！”

“贝克汉姆？他不是足球明星吗？”

“啊……对！不过，也有个钢琴家叫贝克汉姆，好像叫这个名字的人都特别有才华！”

马米觉察出小文有些不对劲儿，不过，他表面上依旧风平浪静，不露声色。

“小律，要不要到我家去？我弹一首贝克汉姆的钢琴曲给你听！说实话，我还没有单独给女孩子弹过曲子呢，如果你去的话，将是第一个！”小文笑得像朵花似的。

马米爽快地答应了，他倒要看看小文的葫芦里卖的是什么药！

经过一番辗转，小文把马米带到了位于郊区的一栋居民楼。刚一进到房间内，就有一胖一瘦两名男子像疯狗一样扑了上来，他们不由分说，对着马米就是一顿拳打脚踢，然后，用绳子把马米捆了个结结实实。

“小文，活干得不错，这么快就钓上大鱼了！”胖男人拍了拍小文的肩膀。

小文点燃了一支烟，脸上露出得意的神色。

"你们是谁？要干什么？"尽管已经有心理准备，马米还是被吓了一跳，现在，他浑身上下都被打得生疼。

"哼哼，傻瓜，还真把我当成钢琴王子了，不过让你失望了，我要用你发笔大财！"小文表情冷酷，完全像换了个人似的。

"用我发财？我没钱！"马米使劲儿瞪了他

一眼。

“你没钱不要紧，只要你爸爸妈妈有钱就行，如果他们知道你在我们手上，别说10万，就是20万、30万他们也愿意出！”小文说完，三个人一齐哈哈大笑，仿佛数不清的钞票正从天而降。

原来“钢琴王子”竟是一只披着羊皮的狼！马米万万没想到，他原以为只有在电视里才会出现的故事情节，竟然会发生在自己的身边，同时，他在心里暗自庆幸，幸亏被困在这里的是自己而不是小律，否则，后果真的不堪设想。想到这儿，他不慌不忙地说：“恐怕，我要让你们失望了，我不是小律！”

“那你是谁？”三个人停住了笑声。

“我是维护地球正义的正义使者！”

“哈哈——动画片看多了吧！”三个人又一次笑得东倒西歪。

“我不费吹灰之力就能解开身上的绳子。”马米平静地说。

“那你解呀！”除了依诺以外，没有一个人当真。

马米思考着自己该变成什么。时间一分一秒地过去了。

胖男人看着漂亮女孩近在咫尺，心里不由得生出几分邪念，他坏笑着站起身，“小姑娘，如果你能解开就趁早，否则，大哥哥可不客气了！”

瘦男人和小文也是一阵坏笑。

然而，就在这一刻，他们面前的“小姑娘”突然像气球一样急剧地膨胀起来，一眨眼的工夫，就变成了一位浑身长满结实肌肉的大力士，他只轻轻一抖肩膀，束缚在身上的绳子立刻就断成了数截。

三个人顿时惊得瞠目结舌。

“小文，你交网友前，怎么不睁大眼睛！”瘦男人猛地给了小文一拳。

“我睁大眼睛也看不出来呀！”小文叫苦不迭。

瘦男人趁机想溜，马米冷不丁地将手臂变长，揪住了他的脖领。胖男人和小文知道自己遇到什么对手了，他们乖乖地蹲在地上，举起双手，一动也不敢动。

“大力士马米”捡起地上的绳子，将三人捆了个结结实实，这也算是“以其人之道，还治其人之身”了。

“正义使者，求求你放了我们吧，这都是小文一个人干的，不关我们的事呀！”胖男人和瘦男人立刻同小文划清界限。

“你们怎么关键时刻出卖我呀！这个主意可是你们出的！”小文像不认识似的看着自己的“好哥们儿”。

“说说到底是怎么回事？”马米瞪圆了眼大声说。

“我说！我说！”小文哆哩哆嗦地讲述了事情的经过。

小文原本是一名优秀、懂事的学生，不幸的是，三年前他的爸爸妈妈离婚了，他们都把小文看成累赘，互相推来推去，谁都不想承担抚养小文的责任。

由于缺少家庭的温暖和父母的关爱，小文逐渐产生了自暴自弃的情绪，他开始逃学、夜不归宿，整天在社会上混，还认识了一帮不三不四的朋友。

瘦男人和胖男人的绰号分别叫瘦猴和老肥，小文自从认识了他们，就经常跟着他们进出歌舞厅、电子游戏厅等娱乐场所。小文觉得瘦猴和老肥对自己很好，而且出手大方，活得很潇洒，就把他们当成了好哥们儿。

有一天，瘦猴、老肥对小文说：“我们的钱都花光了，要想办法弄点儿钱才行！你不是经常上网聊天吗，能不能骗个家庭条件好的网友出来见面，我们趁机跟她家人要点儿钱！”

小文出于哥们儿义气，便按照瘦猴、老肥的意思，专门在网上寻找涉世不深的女孩子。在一次网络聊天中，小律说起自己家里有两辆车，小文便将目标瞄准了小律。为了骗取小律的信任，他给自己起了“钢琴王子”的网名，还谎称十岁就过了钢琴十级。

“正义使者，别听他瞎说，是他把你骗出来的，和我们无关呀，你把我们放了吧！”瘦猴和老肥拼命求饶。

小文这才看清“好哥们儿”的真实面目，他们平时跟自己称兄道弟，一旦出了事，却只会推卸责任。

“你们两个休想逃过法律的制裁！你们组织策划了这起绑架案，属于共同犯罪！你们这样结伙犯罪，与一个人作案相比，对社会的危害更大，所以，国家十分严厉地打击这种拉帮结伙的犯罪行为。”依诺说话了。

啊？瘦猴和老肥的算盘彻底打空了，他们本来想利用小文来发财，没想到“机关算尽太聪明，反误了卿卿性命”。瘦猴和老肥后悔得互相把脑袋撞得“咚咚”响。

“我也会构成犯罪吗？”小文觉得自己还小，应该不用负刑事责任。

“如果你年满十六周岁，就要对绑架行为承担刑事责任！”

小文傻眼了，就在昨天，他刚刚吹灭了十六周岁的生日蜡烛。

当晚，小律接到了派出所打来的电话，警察叔叔告诉她，她的网友“钢琴王子”因涉嫌绑架罪已被警方依法采取强制措施，希望她以后增强自我保护意识，谨慎交友。

小律这才如梦方醒，她情不自禁地去拥抱那些闹鬼的椅子、沙发，这样的举动让爸爸妈妈大跌眼镜。

依诺小贴士

小伙伴们，当前很多犯罪分子通过给一些小恩小惠的手段，拉拢、引诱未成年人登上他们的贼船，这些酒肉朋友可能会带给你一时的快乐，但最终带给你的只是悔恨和痛苦。对此，我们在交友时应增强警惕性，仔细了解对方的人品、作风、性格，以免误交损友或是识人不清导致日后悲剧的发生。

依诺特别法律讲堂

共同犯罪

在故事里，瘦猴、老肥和小文构成了共同犯罪，都要对绑架罪承担刑事责任。那么，什么是共同犯罪呢?

共同犯罪是指二人以上共同故意犯罪。简单地说，就是两个以上的人一起干坏事。

我们都知道，几个人一起做事时，一般都会有分工。比如，我和爸爸妈妈一起做菜，我负责洗菜，爸爸负责切菜，妈妈负责炒菜。共同犯罪也是一样，每个罪犯的分工可能都有不同。比如，瘦猴想偷自行车，就把老肥和小文叫来帮他，那么，瘦猴就是组织者，他把老肥和小文叫来的行为就是“组织行为”。小文知道偷东西是违法犯罪行为，不愿意来，瘦猴便承诺事成之后会给他50元钱，小文犹豫了一下，最后终于答应了。瘦猴的行为就叫作“教唆行为”，就是说别人本来不想干坏事，但他用威胁、诱惑等方法，让别人同意和他一起干坏事。后来，小文胆子小，怕被人抓到，就对老肥说“你去偷吧，我来帮你望风”，于是老肥就进入车棚，把别人的自行车偷了出来。老肥的行为叫作“实行行为”，也就是说他亲自干了坏事。而小文的行为起到了帮助的作用，叫作“帮助行为”。

以上三个人虽然分工有所不同，但三人对“偷车”都有同一个明确的目的性，因此属于共同犯罪。有的同学可能觉得小文有点儿冤，他只不过在外面把风，又没去偷东西，怎么也构成犯罪呢？因为正是有他把风站岗，老肥才能放心大胆地去偷东西，使盗窃行为顺利完成，可以说，小文为盗窃行为提供了便利。但由于他在共同犯罪中起的作用比较小，在处罚上会比瘦猴和老肥轻一些。

我们应该吸取小文的教训，如果有朋友叫你一起去打架、偷东西、抢劫等，或者要你在他干坏事时帮助站岗放哨，一定要立即警醒起来。你如果帮了这样的“朋友”，不是讲义气，而是在与他共同犯罪。

依诺小信箱

1. 请问违法和犯罪是一回事吗？

依诺：不是。在中国，凡违反宪法和法律法规，需要承担一定的法律责任的行为，都是违法行为。违法行为可以分成三类：一是民事违法；二是行政违法；三是刑事违法，即违反了刑事法律，应当受到刑事惩罚，也就是构成了犯罪。可见，犯罪只是违法行为的一种，只有当违反了刑事法律，具有较严重的社会危害性时，才构成犯罪。

2. **暗夜忍者：**依诺，我一时脑袋发热，偷了别人的手机，请问我将这部手机放在公安局门口算自首吗？

依诺：很抱歉地告诉你，这不算自首。根据《刑法》第六十七条的规定，犯罪以后自动投案，如实供述自己的罪行的，是自首。所以，你应该主动到公安机关、人民检察院或者人民法院如实讲述自己的作案经过，表示愿意将自己交由司法机关处理。

3. 超能侠：有个社会上的小混混总是欺负我的好朋友，我想行侠仗义，用拳头教训他一顿，请问可以吗？

依诺：超能侠，你的热心肠值得肯定，不过，坏人要由公安机关、人民检察院、人民法院等国家机关依法去惩罚，而不能由老百姓自作主张去惩罚，否则，就是侵犯他人人身权利的行为，是违法犯罪的事。你可以向公安机关告发这个小混混，请公安机关依法对他进行处理。

4. 爱听音乐的猫：我今年16周岁，我的同学提议一起到市中心人多的地方，将塞满旧报纸的黑袋子扔到人群中，并大喊“袋子里有炸弹”，引起人群的恐慌，然后拍个视频发到网上，肯定会引来不少点击量，说不定我们还会成为网红呢！请问我们可以这么做吗？

依诺：这种行为可能构成投放虚假危险物质罪或编造、故意传播虚假恐怖信息罪。该罪是指投放虚假的爆炸性、毒害性、放射性、传染病病原体等物质，或者编造爆炸威胁、生化威胁、放射威胁等恐怖信息，或者明知是编造的恐怖信息而故意传播，严重扰乱社会秩序的行为。因此，开玩笑一定要谨慎，有些玩笑或者恶作剧会触犯法律，甚至构成犯罪。

5. 狐狸妹妹：军军是我们班上的同学，他有很多坏毛病。比如，总是故意和老师唱反调，喜欢抽烟，欺负女生，总是惹事打架。班主任为此十分恼火，规定同学们不许和他说话。我觉得军军虽然有缺点，但也有很多闪光点，如乐于助人等，老师让我们孤立他，对吗？

依诺：《预防未成年人犯罪法》规定，学校对有不良行为的未成年学生，应当加强管理教育，不得歧视；对拒不改正或者情节严重的，学校可以根据情况予以处分或者采取管理教育措施。所以，老师的这种做法是不合适的，会让军军产生“破罐子破摔”的心理，甚至走上违法犯罪的道路。作为军军的同学，你可以向老师提出建议，让大家一起来帮助军军，使他感受到集体的温暖，做一个老师和同学都欢迎的好学生。

6. 栗子头：我的四名同学（均16周岁）在饭店吃饭时，与店主李某发生了争执，第二天凌晨，这四名同学来到李某的饭店门口，将浸有汽油的卫生纸在地上铺了长约2米，将汽油倒在门下边，然后用打火机点燃卫生纸，四人即逃离现场。这场火导致店主李某被烧成轻伤，店内物品被不同程度烧毁。请问，这四名同学构成什么罪呢？

依诺：放火罪是指故意放火烧毁公私财物，危害公共安全的行为。危害公共安全，即危害不特定多人的生命、健康和公私财物的安全。本案中，四名青少年以放火的方式泄愤，严重危及了公共安全，应当以放火罪定罪处罚。

7. 星期天： 我的同学（17周岁）把淫秽视频保存到自己注册的网盘里。一个月前，他在某个QQ群里聊天，在聊天中向网友公布了网盘的账号和密码，随后网盘内的淫秽视频被大量下载。请问，他并没有从中牟利，为什么还是被警察带走了呢？

依诺： 这名同学的行为可能构成传播淫秽物品罪。传播淫秽物品罪是指明知自己持有的是淫秽物品，还故意向他人传播的行为。构成此罪不需要有牟利的目的，如果有牟利的目的，则构成传播淫秽物品牟利罪，刑罚要重于传播淫秽物品罪。

8. 小白： 我们学校有一名男生（16周岁），利用身体高大的优势，多次强行向同学索要财物，如果索要未遂，他就找理由随意殴打同学。昨天，因为我借了他的数据线充电，他强行要求我交纳 100 元使用费，我不同意，他就打我，经鉴定我的伤情为轻伤。请问这名男生的行为构成犯罪吗？

依诺：这名男生随意殴打他人并致人轻伤，多次强拿硬要他人财物，其行为构成寻衅滋事罪。《刑法》第二百九十三条规定，有下列寻衅滋事行为之一，破坏社会秩序的，处五年以下有期徒刑、拘役或者管制：（一）随意殴打他人，情节恶劣的；（二）追逐、拦截、辱骂、恐吓他人，情节恶劣的；（三）强拿硬要或者任意损毁、占用公私财物，情节严重的；（四）在公共场所起哄闹事，造成公共场所秩序严重混乱的。纠集他人多次实施前款行为，严重破坏社会秩序的，处五年以上十年以下有期徒刑，可以并处罚金。

9. 可乐：我今年 16 周岁，因为考试成绩差被老师和同学羞辱，我在恼怒之下，利用上体育课的时间，偷跑到食堂，将准备好的毒鼠强，投到我们班师生的饭菜内，被学校保安当场发现，这才避免了中毒事件的发生。请问我的行为构成犯罪吗？

依诺：投放危险物质罪，是指故意投放毒害性、放射性、传染病病原体等物质，危害公共安全的行为。该罪是危险犯，简单来说，只要行为人实施了投放危险物质的行为，制造出了他人可能受到毒害的危险，即可构成犯罪。所以，虽然没有发生中毒事件，但因为你已经实施了投毒行为，已经触犯《刑法》，构成投放危险物质罪。

10. 快乐小魔仙：小李叫我和另外两名男生一起殴打小于，过程中，小李用刀刺伤了小于，经鉴定，小于所受的损伤为轻伤。请问，小于的伤不是我造成的，我要承担责任吗？

依诺：你和小李等四人共同故意伤害他人身体，致人轻伤，构成故意伤害罪。在共同犯罪中，你们每一个人都要对彼此造成的危害结果承担全部责任。也就是说，对于小李刺伤小于并造成小于轻伤的结果，你们每个人都要承担故意伤害致人轻伤的罪责。当然，在量刑时，要根据共同犯罪行为人所起的作用判断。起主要作用的小李应认定为主犯，应当依法承担全部责任；你和另两名同学起次要或者辅助作用，应认定为从犯，应当从轻、减轻处罚或者免除处罚。

11. 大鱼：我今年 16 周岁，因为虚荣心强，日常生活开销很大，于是我产生了骗钱的念头，今年以来我以中奖、缴费等各种噱头，骗取王某（70 周岁）钱财共计 17000 元。请问这种行为构成犯罪吗？

依诺：你以非法占有为目的，虚构事实骗取老年人钱款，数额巨大，构成诈骗罪。《刑法》第二百六十六条规定，诈骗公私财物，数额较大的，处三年以下有期徒刑、拘役或者管制，并处或者单处罚金；数额巨大或者有其他严重情节的，处三年以上十年以下有期徒刑，并处罚金；数额特别巨大或者有其他特别严重情节的，处十年以上有期徒刑或者无期徒刑，并处罚金或者没收财产。《刑法》另有规定的，依照规定。

亲爱的同学们，你喜欢这本书吗？你上几年级，生活中发生了哪些和法律有关的故事呢？如果你对这本书有什么意见或者建议，有什么好的想法，可以发邮件告诉我们哦，我们的邮箱是 editor_xue@163.com。

热心小读者读后感

我非常喜欢百变小超人马米，他那种乐于助人、快乐向上的精神值得我们好好学习。我要做一个聪明，但不顽皮，不给老师和家长添堵的“百变小超人”，将来长大后一定要做个对社会、对国家有用的人。

——三年级学生魏某某

喜欢马米和依诺，特别是依诺，他太棒了！可以变恐龙、上天入海、帮助别人，他有一股强大的魔力。看书里的故事就像看动画片一样生动有趣！

——一年级学生邓某某

当当网友评论

孩子非常喜欢这书，一口气读完。有营养。赞！

——zinaz

近日，给孩子买了《最活泼有趣的法律书》，孩子看过后说：这套书很有意思，特别好看，里面讲了很多有趣的故事，在故事里还能学到很多的法律知识，懂得了如何保护自己。能让孩子学到东西很值，希望有孩子的父母给他们多买些这样能够让孩子受益的书看看吧。

——无昵称会员

暑假给孩子买了这套书，孩子说：故事很好看，还能学到法律知识，学会自我保护，孩子能够从中学到东西，我感觉很不错。是值得购买的一套书！

——无昵称会员

天猫商城网友评论

质量不错，内容也挺好看的。收到书，小朋友就看上了，不肯放手！

——z***h（匿名）

很好的一本书，让孩子轻松愉快地学到很多知识。

——j***w（匿名）

图书在版编目（CIP）数据

最活泼有趣的法律书．马米历险记 / 朴琳琳著．—
5版．北京：中国法制出版社，2022.11
（青少年法律绘本系列）
ISBN 978-7-5216-2898-2

Ⅰ．①最…　Ⅱ．①朴…　Ⅲ．①法律—中国—儿童读物
Ⅳ．① D920.5

中国版本图书馆 CIP 数据核字（2022）第 173579 号

责任编辑：程　思（chengsi@zgfzs.com）　　封面设计：李　宁

最活泼有趣的法律书．马米历险记
ZUI HUOPO YOUQU DE FALÜSHU. MAMI LIXIANJI
著者 / 朴琳琳
插图 / 桃金娘
经销 / 新华书店
印刷 / 应信印务（北京）有限公司
开本 / 880 毫米 ×1230 毫米　32 开　　印张 / 4.75　字数 / 70 千
版次 / 2022 年 11 月第 5 版　　2022 年 11 月第 1 次印刷

中国法制出版社出版
书号 ISBN 978-7-5216-2898-2　　定价：25.00 元

北京市西城区西便门西里甲16号西便门办公区
邮政编码：100053　　传真：010-63141600
网址：http://www.zgfzs.com　　**编辑部电话：010-63141796**
市场营销部电话：010-63141612　　**印务部电话：010-63141606**
（如有印装质量问题，请与本社印务部联系。）